Day 1

☺자녀가 하는 말

부모님께 읽어주세요.

그 누구도 저에게 아빠(엄마)와 이 시간을 함께 보내라고 강요할 수 없다는 것은 저도 동감이에요. 흔히 제 또래 아이들이 부모님과 이야기하는 것을 싫어한다고 생각하세요. 하지만 저는 아빠(엄마)가 저와 함께 이 시간을 보내기로 하신 것에 대해 정말 감사하고 있어요.
지금 제 기분이 어떤지 설명해드릴게요. (부모님께 자신의 감정을 솔직하게 이야기해보세요.)

Day 1

카드 2

☺ 자녀가 하는 말 (부모님께 읽어주세요.)

저도 아빠(엄마)처럼 바쁠 수 있어요. 제가 부모님과 약속한 시간을 지키기 위해서는 무언가 포기해야 할 일이 생길지도 몰라요. 하지만 부모님은 이 모든 것보다 더 제게 소중한 분이세요. 저도 부모님께 그리고 하나님께 약속할게요.

나, ○○○은(는) 30일 동안 매일 저녁 아빠(엄마)와 그리고 하나님과 만나기 위해 최선을 다할 것을 약속합니다. 내 힘으로 도저히 어떻게 할 수 없는 경우를 제외하고는 이 시간을 꼭 지키도록 하겠습니다.

______년 ___월 ___일

____________________________(서명)

(이 카드는 30일 동안 만남의 자리 촛대 아래에 항상 두세요.)

Day 1

카드 4

부모가 하는 말

자녀에게 읽어주세요.

우리가 서로에게 한 가지 더 약속했으면 하는 게 있어. 우리가 이 방에 있는 동안은 서로에 대한 잔소리, 비방 또는 공격적인 대화를 하지 말기로 하자.

30일간의 만남 가운데 때로는 서로에게 있는 어려운 문제들을 다뤄야 할 때도 있겠지. 하지만 그래도 이 시간만큼은 우리 서로의 관계를 위해 함께 시간을 보내기로 하자. 내 말에 동의한다면, 우리 악수할까? (자녀와 함께 악수한다.)

현재 우리의 관계가 어떠하든지, 나는 이 30일간의 만남을 통해 우리의 관계가 더욱 깊어지고 풍성해질 거라고 믿어. 우리 이 시간을 하나님께 온전히 드리기 위해 노력하자. 우리 일어설까? (자리에서 일어난다.) 이 의자(대화하는 동안 사용할 의자)에 함께 손을 올려놓자. (손을 올린다.)

내가 이 기도문을 읽을게. "하나님, 하나님이 우리가 대화하는 이 자리를 거룩하게 해주시기 원합니다. 이곳에서의 만남을 통해 우리의 관계가 더욱 깊어질 수 있도록 하나님이 주관해주세요. 우리의 마음이 서로에게 향함으로 하나님께 영광을 돌리기 원합니다. 매일 저녁 우리를 인도해주세요. 예수님의 이름으로 기도합니다. 아멘."

Day 1

카드 5

부모가 하는 말

자녀에게 읽어주세요.

너도 알다시피 우리는 서로 너무 바쁘지? 어쩌면 너는 지금 속으로 내가 너무 바빠서 우리의 약속을 잘 지키지 못할 거라고 생각하고 있을지도 몰라. 하지만 너는 나에게 정말 소중한 사람이야. 그래서 여기 이렇게 서약서를 준비했어.

나, ○○○은(는) 30일 동안 매일 저녁 나의 자녀인 ○○○와(과) 그리고 하나님과 만나기 위해 최선을 다할 것을 약속합니다. 내 힘으로 도저히 어떻게 할 수 없는 경우를 제외하고는 이 시간을 꼭 지키도록 하겠습니다.

______년 ___월 ___일

______________________________ (서명)

(이 카드는 30일 동안 만남의 자리 촛대 아래에 항상 두세요.)

Day 1

카드 3

부모가 하는 말

자녀에게 읽어주세요.

아빠(엄마)가 왜 30일 동안 너와 함께 대화의 시간을 갖기로 했는지, 그 이유가 궁금하지? 내게 이것을 하라고 강요한 사람은 아무도 없어.

그동안 여러 가지 일들로 바빠서 너와 시간을 자주 보내지 못했다는 것은 잘 알고 있단다. 하지만 나의 진심은 그게 아니었어. 30일 동안 너와 이 시간을 보내기로 결심한 이유는 네가 정말 소중하기 때문이야. 다시 말하면 이렇게 이야기할 수 있지. (부모님이 자신의 말로 자녀가 얼마나 소중한지 이야기해보세요.)

카드 1

Day 1

Day 2

☺ 자녀가 하는 말

부모님께 읽어주세요.

제가 아빠(엄마)의 아들(딸)임에도 불구하고 아빠(엄마)에 대해 모르는 것이 너무 많은 것 같아요. 이제는 아빠 엄마에 대해 더 알아가고 싶어요. 왜냐하면 아빠(엄마)는 저에게 정말 소중한 분이시기 때문이에요. 저도 같은 두 가지 질문을 드릴게요.

1. 아빠(엄마)는 일상 생활 가운데 어떤 부분이 가장 힘드세요? 그 이유도 말씀해주세요. (부모님의 대답을 기다리세요.)

2. 아빠(엄마)는 어떤 상상을 하는 걸 좋아하세요? (부모님의 대답을 기다리세요.)

카드 2

Day 2

☺ 자녀가 하는 말

부모님께 읽어주세요.

아빠(엄마)에 대해 알기 위해서 저도 아빠(엄마)가 느끼신 기쁨과 슬픔에 대해 이해할 필요가 있을 것 같아요. 지금까지 아빠(엄마)의 인생에서 가장 행복했던 순간은 언제였는지 이야기해주실 수 있으세요? 그리고 그 이유도 말씀해주세요. (부모님의 대답을 기다리세요.)

Day 2

카드 4

부모가 하는 말

자녀에게 읽어주세요.

우리가 30일간의 대화를 진행하면 할수록 더욱 깊은 대화를 하게 될 것 같구나. 지금 이 순간 나는 너의 진짜 매력에 대해 조금씩 알아가고 있는 것 같아 정말 기뻐. 우리가 서로에게 얼마나 소중한 사람인지에 대해 알아가는 것만으로도 우리의 관계가 점점 가까워지는 것 같아. 우리에게 이런 시간을 허락하신 하나님께 감사의 기도를 드리자. (자녀와 함께 기도하세요.)

부모가 하는 말

자녀에게 읽어주세요.

우리가 서로에 대해 더 많이 알고 이해할수록 우리는 더 가까워질 거야. 이 30일간 너와 함께한다고 생각하니 내 마음이 설레는구나.

한 가지 더 궁금한 게 있는데, 지금까지 너의 인생에서 가장 행복했던 순간은 언제였니? 그리고 그 이유가 무엇인지 이야기해줄 수 있니? (자녀의 대답을 기다리세요.)

Day 2

카드 3

부모가 하는 말

자녀에게 읽어주세요.

그동안 우리는 주로 학교, 시험 또는 집안일 같은 것에 대해 이야기했었지? 하지만 오늘은 너에 대해 이야기하고 싶구나. 왜냐하면 너는 나에게 정말 소중한 사람이기 때문이야. 내가 너에 대해 좀 더 알 수 있도록 도와줄 수 있겠니? 너에 대해 궁금한 점이 두 가지 있단다.

1. 너는 일상 생활 가운데 어떤 부분이 가장 힘드니? 그 이유는 무엇이니? (자녀의 대답을 기다리세요.)

2. 너는 어떤 상상을 하는 걸 좋아하니? (자녀의 대답을 기다리세요.)

(자녀에 대해 새롭게 알게 된 것들이 있다면 이 카드의 뒷면에 간단하게 적어놓으세요.)

카드 1

Day 2

Day 3

☺ 자녀가 하는 말

부모님께 읽어주세요.

우리 가족에게는 힘든 순간도 있었지만, 즐거운 순간도 많았던 것 같아요.
가족과 함께한 그 모든 시간들이 아빠(엄마)에게 소중하실 거라고 생각해요. 아빠(엄마)가 기억하고 계신 가장 재미있는 추억 하나만 이야기해주세요. (부모님의 대답을 기다리세요.)

☺ 자녀가 하는 말

부모님께 읽어주세요.

쉽진 않지만 이 시간을 통해 우리가 어떤 생각을 하고 있는지 알 수 있는 것 같아요. 어떤 부모님들은 자녀에게 힘들었던 때가 전혀 없었던 것처럼 보여야 한다고 생각하세요. 하지만 저는 아빠(엄마)의 솔직한 모습을 보고 싶어요. 아빠(엄마)에 대해 더 알고 싶어요. 지금까지 살면서 가장 힘드셨던 때는 언제셨어요? 그리고 그때의 기분은 어떠셨는지 말씀해주세요. (부모님의 대답을 기다리세요.)

Day 3

카드 4

☺ 자녀가 하는 말

부모님께 읽어주세요.

세상의 수많은 부모님과 자녀 중에서 오늘 우리가 함께한 이런 시간을 가진 사람들은 그리 많지 않을 거예요. 우리 가족의 즐거웠던 순간과 힘들었던 순간을 나누고나니 우리가 더욱 가까워진 느낌이 들어요.

아빠(엄마), 저와 함께 무릎을 꿇고 기도해요. (부모님과 함께 무릎을 꿇고 기도하세요.)

오늘은 제가 기도할게요. 삶의 모든 순간순간마다 우리와 동행해주신 하나님께 감사 기도를 드릴게요. (자녀가 기도하세요.)

Day 3

카드 5

부모가 하는 말

자녀에게 읽어주세요.

우리가 함께했던 즐거운 시간을 떠올리니 정말 좋구나. 성경은 우리에게 "즐거워하는 자들과 함께 즐거워하고 우는 자들과 함께 울라"(롬 12:15)고 말씀하고 있어.

너에 대해 좀 더 알 수 있도록 도와주지 않을래? 지금까지 살면서 가장 힘들었던 때는 언제였니? 그리고 그때 기분은 어땠니? (자녀의 대답을 기다리세요.)

Day 3

카드 3

부모가 하는 말

자녀에게 읽어주세요.

가족이 함께한 추억은 서로를 하나 되게 하는 데 도움이 되지. 우리 가족에게는 즐거운 추억도 있지만 힘든 순간도 있는 것 같아. 하지만 그것들 모두가 우리를 한 가족으로 만들어주는 거라고 생각해.

우리 가족이 함께한 추억 중에서 너는 어떤 것이 가장 소중하게 느껴지는지 궁금하구나. 네가 기억하고 있는 가장 재미있는 추억 하나만 이야기해줄래? (자녀의 대답을 기다리세요.)

Day 4

부모가 하는 말

자녀에게 읽어주세요.

너의 '사랑의 언어'가 무엇인지 이제 조금 알 수 있을 것 같은데? 네가 어렸을 때 깊은 '사랑'이라고 느꼈던 것들이 지금도 별로 달라지지 않았을 것 같구나. 너의 이야기를 통해서 너에게 어떻게 사랑을 표현해야 하는지 힌트를 얻은 것 같아 기분이 좋구나.

네가 나를 진심으로 사랑하고 있구나 하고 느꼈을 때는 바로 이때였어. (자녀에게 자신의 경험을 이야기해보세요.)

Day 4

카드 2

부모가 하는 말

자녀에게 읽어주세요.

네가 중요한 이야기를 했구나. 우리가 느끼고 있는 것보다 훨씬 더 큰 사랑이 우리 가족 사이에 넘쳐날 것 같아. 아빠(엄마)도 너와 마찬가지야. 나름대로 너를 사랑하는 표현이었는데, 사랑을 표현하려고 할 때면 네가 잘못 이해할까봐 조심스러울 때가 있었지. 내가 이러한 행동을 했을 때 아마 너는 이것이 내 사랑의 표현 방식인지 몰랐을 거야.

(자녀에게 자신의 경험을 이야기해보세요.)

Day 4

카드 4

☺ 자녀가 하는 말

부모님께 읽어주세요.

내일 밤이 기대가 돼요. 우리가 함께 시간을 보내는 동안, 서로에게 사랑을 표현하는 방법들을 알게 될 테니 말이에요.

하나님과 예수님이 한 분인 것처럼 예수님은 우리도 하나가 되기를 원하세요(요 17:22). 아빠(엄마), 우리 함께 기도해요. 서로에 대한 사랑의 표현을 잘 받아들이고, 서로 간의 사랑을 잘 느낄 수 있도록 우리의 마음을 열어주시기를 기도해요. (자녀가 기도하세요.)

Day 4

카드 5

☺ 자녀가 하는 말

부모님께 읽어주세요.

아빠(엄마)가 과거 저의 어떤 모습을 통해 사랑을 느끼셨는지 이제 알게 되었어요. 이것을 통해 아빠(엄마)에게 어떻게 사랑을 표현해야 하는지 힌트를 얻었지요.
대부분의 가족들이 서로에게 사랑을 표현해요. 하지만 사랑을 받는 쪽이 다르게 받아들이는 경우도 있는 것 같아요. 그건 우리 가족도 마찬가지예요.
아빠(엄마)에게 사랑을 표현하려고 할 때 아빠(엄마)가 그것을 사랑의 표현으로 느끼지 못하실까봐 걱정한 적도 있어요. 제가 예전에 이렇게 행동했을 때, 그것이 아빠(엄마)를 향한 사랑의 표현이었는지 아빠(엄마)는 아마 모르셨을 걸요? (부모님께 자신이 사랑으로 표현했지만, 받아들여지지 못했던 경험을 이야기해보세요.)

☺ 자녀가 하는 말

부모님께 읽어주세요.

가족끼리 서로 사랑하는 건 누구나 할 수 있는 일이에요. 하지만 사랑을 표현하기란 정말 어려운 것 같아요. 만약 우리가 다른 사람을 위해 올바른 '사랑의 언어'를 사용하지 않는다면, 그 사람과의 관계를 위한 노력이 헛되겠죠. 오늘은 서로에 대한 사랑 표현 방식을 좀 더 알았으면 좋겠어요.

제가 어렸을 때, 아빠(엄마)가 저를 정말 사랑하신다는 것을 느꼈을 때는 바로 이때였어요. (부모님께 자신의 경험을 이야기해 보세요.)

Day 4

카드 1

Day 5

☺ 자녀가 하는 말

부모님께 읽어주세요.

저도 생각할 시간이 필요할 것 같은데, 제가 사랑을 받고 있다고 느꼈던 경우는 바로 이럴 때였던 것 같아요. (다음의 다섯 가지 보기 중에 하나를 선택하여 동그라미로 표시하고, 선택한 이유를 설명해보세요.)

1. 누군가로부터 선물을 받을 때.
2. 누군가가 안아주거나 따스한 손길을 내밀 때.
3. 누군가가 나와 함께 시간을 보내주기로 했을 때.
4. 누군가가 사랑의 말이나 감사의 말을 해주었을 때.
5. 누군가가 일을 대신해주거나 도와주었을 때.

이제 카드를 바꿔서 간직하는 것은 어떨까요? 나중에 우리가 서로에게 사랑을 표현하려고 할 때 어떻게 표현하는 것이 좋은지 기억할 수 있도록 말이에요. (서로의 카드를 바꾸세요.)

카드 2

Day 5

부모가 하는 말

자녀에게 읽어주세요.

내가 받고 싶은 방법대로 사랑을 표현해주겠다는 말이 나에게 큰 의미로 다가오는구나. 정말 기대되는데? 나도 노력할게. 나도 이제 네가 가장 좋아하는 사랑의 언어가 무엇인지 알았단다. 그리고 너에게 사랑을 보여줄 수 있는 최고의 방법이 무엇인지 알았어. 그 방법은 바로 이거야. (자녀가 가장 좋아하는 사랑 표현법을 이야기해보세요.)

Day 5

카드 4

부모가 하는 말

자녀에게 읽어주세요.

다른 사람에게 사랑을 보여주는 새로운 방법을 배워가는 것은 재미있는 일인 것 같구나. 우리가 30일을 함께 보내자는 약속을 잘 지켜나가고 있는 것 같아. 그리고 하나님이 이미 우리 가운데 함께하고 계심 또한 느낄 수 있어. 우리 하나님께 감사 기도를 드리자. (부모님이 기도해주세요.)

* '사랑의 언어'에 대해 더 자세히 알기 원한다면 「5가지 사랑의 언어(게리 채프먼 지음, 생명의 말씀사)」를 읽어보시기 바랍니다.

카드 5

Day 5

☺ 자녀가 하는 말

부모님께 읽어주세요.

우리는 자신이 받고 싶어하는 방식대로 사랑을 표현하는 것 같아요.
한번 더 이야기해볼게요.
우리는 자신이 받고 싶어하는 방식대로 사랑을 표현하는 것 같아요.
여기에 어떤 문제가 있을까요? 만약 우리가 사랑을 받는 사람의 방식대로 사랑을 표현하지 않는다면, 상대방은 우리의 사랑을 하나도 느끼지 못하게 될 거예요. 이제 저는 아빠(엄마)가 가장 좋아하시는 사랑의 언어가 무엇인지 알았어요. 또한 아빠(엄마)에게 사랑을 보여드릴 수 있는 최고의 방법이 무엇인지도 알았어요. 그 방법은 바로 이거예요. (부모님이 가장 좋아하시는 사랑 표현법을 이야기해보세요.)

카드 3

Day 5

부모가 하는 말

자녀에게 읽어주세요.

유명한 가정 상담가인 게리 채프먼(Gary Chapman) 박사에 따르면, 사람들은 저마다 자신만의 '사랑의 언어'를 가지고 있다고 해. 그런 방법으로 접근할 때 대부분의 사람들은 누군가로부터 사랑을 받고 있다고 이야기하게 된단다. 사람들은 공통적으로 이럴 때 자신이 사랑을 받고 있다고 느껴.

1. 누군가로부터 선물을 받을 때.
2. 누군가가 안아주거나 따스한 손길을 내밀 때.
3. 누군가가 나와 함께 시간을 보내주기로 했을 때.
4. 누군가가 사랑의 말이나 감사의 말을 해주었을 때.
5. 누군가가 일을 대신해주거나 도와주었을 때.

내가 사랑을 받고 있다고 느꼈던 때가 언제였는지 생각해보자면 시간이 필요한데, 다섯 가지 중 바로 이것인 것 같구나. (앞의 다섯 가지 보기 중에 하나를 선택하여 동그라미로 표시하고, 선택한 이유를 설명해보세요.)

카드 1

Day 5

Day 6

☺ 자녀가 하는 말 (부모님께 읽어주세요.)

만약 제가 성적이 떨어지거나 아빠(엄마)의 기대에 못 미치면, 저에게 실망하실까봐 가끔 걱정이 돼요.
그 중에서도 가장 걱정되는 것은 바로 이 부분이에요. (부모님의 기대치 때문에 힘들다면, 부모님께 솔직하게 이야기해보세요.)

Day 6

카드 2

Day 6

☺ 자녀가 하는 말

부모님께 읽어주세요.

만약 제가 성적이 떨어지거나 아빠(엄마)의 기대에 못 미치면, 저에게 실망하실까봐 가끔 걱정이 돼요.
그 중에서도 가장 걱정되는 것은 바로 이 부분이에요. (부모님의 기대치 때문에 힘들다면, 부모님께 솔직하게 이야기해보세요.)

카드 2

Day 6

부모가 하는 말

자녀에게 읽어주세요.

자녀가 부모로부터 오는 사랑과 인정을 거절한다면, 그것은 부모에게 엄청난 중압감으로 다가오지. 어떤 자녀들은 부모의 경제적 능력과 사회적 지위 때문에 자신의 부모를 부모로서 인정하고 싶어하지 않는다고 들었어.
나는 때때로 네가 이런 모습을 보일 때 나를 부모로서 인정하기 어려워하는 것 같이 느껴져. (자녀에게 자신이 느낀 점을 솔직하게 이야기해보세요.)

Day 6

카드 4

☺ 자녀가 하는 말

부모님께 읽어주세요.

제가 있는 모습 그대로 사랑받고, 인정받을 수 있다는 것이 제게 정말 중요해요. 그런데 부모님도 저와 비슷한 생각을 하실지는 몰랐어요. 아빠(엄마)가 아무런 조건 없이 저를 사랑해주시고 인정해주시는 것처럼 저도 그렇게 하겠어요. (자신의 결심을 부모님께 이야기해보세요.)

오늘은 제가 기도할게요. 하나님이 우리 모두를 정말 특별하게 만들어주신 것 같아요. (기도로 모임을 마무리하세요.)

Day 6

카드 5

부모가 하는 말

자녀에게 읽어주세요.

솔직히 나의 관심 분야에 너도 흥미를 갖길 바란 게 사실이야. 알게 모르게 내가 너에게 그런 부분을 닮도록 강요했는지도 모르겠구나. 하지만 이제 나는 너의 진짜 모습을 보고 싶어. 단지 나에게 인정받기 위해서 나를 따라할 필요는 없어.

하나님은 너를 향한 아주 특별한 계획을 갖고 계셔. 예레미야 29장 11절에서 이렇게 말씀하셨지. "너희를 향한 나의 생각을 내가 아나니 평안이요 재앙이 아니니라 너희에게 미래와 희망을 주는 것이니라."

아빠(엄마)는 네가 하나님이 주시는 최고의 것을 발견했으면 좋겠어.

다시 말하면 이렇게 이야기할 수 있지. (자신의 말로 앞의 내용을 이야기해보세요.)

Day 6

카드 3

☺ 자녀가 하는 말

부모님께 읽어주세요.

모든 부모님은 자기 자녀가 무엇이든 잘하기를 바라시는 것 같아요. 어떤 부모님은 자녀가 학교에서 좋은 성적을 받기를, 또 어떤 부모님은 자녀가 유명 연예인이나 운동 선수가 되기를 바라시죠.
만약 우리가 꿈에 그리던 완벽한 세상이 있다면, 거기서는 제가 잘하는 것 하나만으로도 아빠(엄마)는 저를 충분히 인정하실 수 있을 거예요.
제가 잘하는 것은 바로 이거예요. (부모님께 자신의 생각을 솔직하게 이야기해보세요.)

Day 6

카드 1

Day 7

☺ 자녀가 하는 말 : 둘 중 자신에게 해당되는 것 하나를 부모님께 읽어주세요.

부모님의 사랑은 절대로 변하지 않아요.

제가 잘못된 행동을 하면 부모님을 화나게 하거나 속상하게 한다는 것을 알아요. 하지만 제가 나쁜 행동을 했다고 해서 부모님이 저를 덜 사랑하신다고 생각하지는 않아요. 제가 어떻게 행동했는가와 상관없이 부모님은 저를 똑같이 사랑하신다고 생각해요. 한번은 이런 일이 있었지요. (부모님께 자신의 경험을 말해보세요.)

부모님의 사랑은 때때로 변해요.

부모님이 저를 사랑하신다는 것은 알아요. 하지만 부모님이 원하시는 어떤 일을 했을 때 저를 더 사랑하신다는 생각이 들어요. 물론 부모님은 그런 뜻이 아니셨겠지요. 하지만 제가 ________________ 했을 때 부모님이 저를 덜 사랑하시는 것 같이 느껴져요. (부모님께 자신의 경험을 말해보세요.)

Day 7

카드 2

☺ 자녀가 하는 말

부모님께 읽어주세요.

부모님들은 자녀에게 사랑을 표현할 때가 있고, 그렇지 않을 때가 있어요. 저 역시 아빠(엄마)가 제 마음을 아프게 하실 때, 실망시키실 때 또는 제가 싫어하는 결정을 내리실 때 사랑을 표현하는 것을 주저하게 돼요. 저는 아빠(엄마)가 아무런 조건 없이 저를 사랑해주셨으면 좋겠어요. 그리고 저 또한 같은 방법으로 아빠(엄마)를 사랑하고 싶어요. 하나님은 우리를 아무런 조건 없이 사랑해주시잖아요. 하나님은 우리가 닮아야 할 분이세요(요 3:16).

때로는 서로 의견 충돌이 있겠지만, 그럼에도 불구하고 저는 아빠(엄마)를 변함없이 사랑하고 싶어요. 다시 말하면….

(부모님께 자신의 말로 설명해보세요.)

Day 7

카드 4

부모가 하는 말

자녀에게 읽어주세요.

네가 학생으로 있는 동안은 어쩔 수 없이 서로 힘들 때가 있을 거야. 하지만 우리의 마음이 변함없이 서로를 향하고 있다는 것을 확신한다면 이 역시 멋진 일이 아닐까? 하나님이 보여주신 무조건적인 사랑을 우리도 닮아갈 수 있도록 도와주시기를 함께 기도하자. (자녀와 함께 기도하세요.)

카드 5

Day 7

부모가 하는 말 : 둘 중 자신에게 해당되는 것 하나를 자녀에게 읽어주세요.

자녀가 부모의 사랑은 절대로 변하지 않는다고 한 경우

네가 어떤 행동을 하든지 상관없이 너를 사랑하는 나의 마음이 한결같다는 사실을 알고 있다니 오히려 내가 더 고맙구나. 너를 향한 내 사랑을 바꿀 수 있는 것은 아무것도 없어. 예를 들면 이런 거지. (사랑이 바뀌지 않는 예를 찾아 이야기해보세요.)

자녀가 부모의 사랑은 바뀔 수 있다고 한 경우

네가 나쁜 행동을 했을 때, 나의 사랑이 변한다고 생각한다니 내 마음이 아프구나. 겉으로 보기엔 너의 행동으로 인해 내가 무척 화가 나 있는 것처럼 보였을 거야. 하지만 나의 속마음은 네가 어떤 일을 하든 상관없이 너를 사랑한다는 거야. 너를 향한 나의 사랑을 바꿀 수 있는 것은 아무것도 없어. 예를 들면 이런 거지. (사랑이 바뀌지 않는 예를 찾아 이야기해보세요.)

카드 3

부모가 하는 말

자녀에게 읽어주세요.

네가 어떤 잘못을 했을 때 아빠(엄마)가 화를 내거나 야단을 친 적이 있었지? 그것은 아빠(엄마)로서 정상적인 반응이라고 생각해. 하지만 네가 무언가를 잘하거나 못하거나 하는 것 때문에 아빠(엄마)의 사랑이 변한다고 생각하는 것은 아닌지 걱정이 되는구나.

예를 들면 네가 이러한 행동을 했을 때, 아빠(엄마)가 너를 사랑하지 않을 거라고 생각하지는 않았는지 걱정이 되는구나. (자녀에게 자신의 생각을 이야기해보세요.)

Day 7

카드 1

Day 8

☺ 자녀가 하는 말

부모님께 읽어주세요.

이젠 저에 대해 조금 더 아셨죠? 저도 우리가 어떤 점에서 같고, 어떤 점에서 다른지 알고 싶어요. 저도 아빠(엄마)에게 같은 질문을 드릴게요.
만일 아빠(엄마)에게 꿈 같은 하루, 돈이나 직장이나 집에 매이지 않고 하고 싶은 것을 마음대로 하실 수 있는 날이 주어진다면 무엇을 하고 싶으세요? (부모님의 대답을 기다리세요.)

Day 8

카드 2

☺ 자녀가 하는 말

부모님께 읽어주세요.

대부분의 어른들도 살면서 어려운 일들을 만나요. 예를 들면 나이 드신 부모님을 모시게 되거나, 직장에서 해고되는 것에 대한 두려움 또는 건강이 나빠지는 것에 대한 어려움이 있어요. 아빠(엄마)는 어떤 일이 가장 힘드세요? 그리고 그 이유도 말씀해주세요. (자녀에게 부모님의 생각을 이야기해보세요.)

카드 4

Day 8

☺ 자녀가 하는 말

부모님께 읽어주세요.

오늘 시작하면서 30일 동안 지키기로 했던 우리의 약속을 아빠(엄마)는 다시 기억하게 해주셨어요. 아마 앞으로 남은 시간 동안 때로는 피곤할 때도 있고, 때로는 잠을 조금 못 잘 때도 있을지 몰라요. 하지만 저는 우리의 관계가 다른 어떤 것보다도 지킬 만한 가치가 있다고 결정하신 것에 대해 감사드려요.

저는 매일 저녁 우리가 함께 나눈 이야기들이 정말 좋았어요. 때때로 우리는 저마다 어려움을 겪고 있다는 사실을 잊어버릴 때가 있어요.

이 시간 함께 소리를 내어 기도해보면 어떨까요? 우리가 겪고 있는 어려움을 이겨낼 수 있는 힘을 주시기를 기도해요. (부모님과 함께 소리를 내어 기도하세요.)

Day 8

카드 5

부모가 하는 말

자녀에게 읽어주세요.

네 또래의 학생들이 친구, 학교, 집 또는 다른 여러 가지 문제 때문에 힘들어하고 있다는 것을 알고 있어. 요즘 너는 무엇이 가장 힘드니? 그 이유가 무엇인지 말해줄 수 있니? (자녀의 대답을 기다리세요.)

* 부모님께: 지금은 문제를 해결하는 시간이 아닙니다. 그냥 자녀의 이야기를 들어주세요. 지금 자녀가 어떻게 생활하고 있는지 이해하려고 노력해보세요.

Day 8

카드 3

부모가 하는 말

자녀에게 읽어주세요.

예전엔 서로가 너무 바빠서 함께 시간을 보내지 못했어. 하지만 더 이상 우리가 바쁘다는 이유로 함께 시간을 보내지 못하는 일이 있어서는 안 된다고 생각해. 이런 결심 때문에 우리가 이 30일간의 대화를 처음 시작했을 때 이 만남에 우선순위를 두기로 약속했던 거야. 나는 지금 우리의 약속을 지키기 위해 노력하고 있어.
우리가 서명했던 첫째 날 카드 3, 4를 꺼내서 우리가 했던 서약을 다시 읽어보자. (부모님과 자녀가 번갈아 읽어보세요.)

너에 대해 잘 알고 싶기에 오늘은 이런 이야기를 나누고 싶어. 만일 너에게 꿈 같은 하루, 아무런 책임감도 느끼지 않고 하고 싶은 대로 하면서 살 수 있는 날이 주어진다면 무엇을 하고 싶니? (자녀의 대답을 기다리세요.)

카드 1

Day 8

Day 9

부모가 하는 말 : 다음의 내용을 눈으로 읽어주세요.

자존심은 버리고, 자녀에게 용서를 구하세요. 그때 자신이 했던 행동을 변명하려고 애쓰지 마세요. 당신의 사랑을 표현할 수 있는 말과 행동을 하세요.

Day 9

카드 2

☺ 자녀가 하는 말 : 다음의 내용을 눈으로 읽어주세요.

자존심은 버리고 아빠(엄마)에게 용서를 구하세요. 자신의 행동을 변명하지 않겠다는 약속을 지키세요. 아빠(엄마)에게 사랑을 표현할 수 있는 말이나 행동을 하세요.

Day 9

카드 4

☺ 자녀가 하는 말

부모님께 읽어주세요.

많은 사람들이 성인이 된 후에도 부모님의 행동이나 말로 인한 상처를 가지고 있다고 해요. 물론 이것은 부모님들도 마찬가지일 거라고 생각해요. 하지만 우리 가족은 달라질 수 있어요. 우리는 서로에게 상처를 받았을 때 이야기할 수 있고, 용서를 구할 수도 있어요.

마음을 열고 용서를 구하는 것이 쉬운 일은 아니에요. 그래서 우리에게는 하나님이 주시는 도움이 필요해요. 하나님이 우리의 필요를 채워주시기를 우리 함께 기도해요. (자녀가 기도하세요.)

카드 5

Day 9

☺ 자녀가 하는 말

부모님께 읽어주세요.

저에게도 용서를 구할 수 있는 기회를 주세요. 저도 제가 했던 행동에 대해 변명하지 않도록 그리고 공격적인 언어를 사용하지 않도록 노력할게요.
제가 부모님의 마음에 상처를 드린 일이 있다면 그것에 대해 말씀해주실 수 있으세요? (부모님의 대답을 들은 후 그 말씀에 반응하지 말고, 카드 4에 있는 내용을 읽으세요.)

카드 3

Day 9

부모가 하는 말

자녀에게 읽어주세요.

만약 우리가 예전 일로 상처 입은 것을 마음속에 간직한 채 살아간다면, 그건 정말 슬픈 일인 것 같아. 오늘 이 시간을 통해서 앞으로는 그런 일이 일어나지 않도록 도움이 되면 좋겠구나.
나는 너의 상처가 회복되도록 돕고 싶어. 이런 이야기를 하는 것은 내 잘못에 대해 변명하려고 하는 것도 아니고, 네가 마음을 열도록 강요하는 것도 아니야. 나 때문에 혹시 네 마음 가운데 아직도 회복되지 못한 상처가 있다면 이야기해줄 수 있겠니? (자녀의 대답을 들은 후 그 말에 대해 반응하지 말고, 카드 2에 있는 내용을 읽으세요.)

* 부모님으로부터 상처를 받은 자녀들은 자신이 상처받은 것에 대해 이야기하는 것을 망설이기도 합니다. 필요하다면, 자녀가 상처받았을 거라고 여겨지는 것에 대해 부모님이 먼저 이야기하고 용서를 구하세요.

예: 내 생각에 너의 열다섯 번째 생일을 챙겨주지 못한 것이 너에게 상처를 준 것 같아. 나를 용서해줄 수 있겠니?

카드 1

Day 9

Day 10

부모가 하는 말

자녀에게 읽어주세요.

나도 너처럼 누군가로부터 상처를 받으면 그 사람에게 직접적으로 이야기하지 못하고 나쁜 행동을 할 때가 있어. 속상할 때 이러한 행동들을 하게 되지. (자녀에게 자신의 이야기를 솔직하게 이야기해보세요.)

Day 10

카드 2

부모가 하는 말

자녀에게 읽어주세요.

아빠(엄마)도 너의 마음을 아프게 하려는 의도는 전혀 없어. 하지만 아빠(엄마) 역시 완벽한 사람이 아니기에 언젠가는 너의 마음을 또 아프게 하겠지. 나는 네가 그 고통을 오랫동안 갖고 있기를 바라지 않아. 네가 나 때문에 상처를 받았을 때, 네가 받은 상처에 대해 쉽게 이야기할 수 있으려면 내가 어떻게 해야 할까?(자녀의 대답을 기다리세요.)

☺ 자녀가 하는 말

부모님께 읽어주세요.

누군가로 인해 마음에 상처를 입은 것에 대해 이야기하거나 상처를 준 것에 대해 용서를 구하는 것은 쉬운 일도, 또 재미있는 일도 아닌 것 같아요. 하지만 상처를 계속 가지고 있으면서 분노로 괴로워하고, 서로의 관계가 냉랭하게 되는 것보다는 훨씬 나을 거라고 생각해요.

우리 가운데 누구든지 상대방의 마음을 아프게 하면 바로 와서 이야기하기로 약속해요. 용서와 치유가 시작되도록 말이에요. (부모님과 자녀는 아래의 빈칸에 이름과 날짜를 적고 서명하세요. 그리고 이 카드는 30일 동안 만남의 자리 촛대 아래에 항상 두세요.)

______년 ___월 ___일　　______년 ___월 ___일

____________(서명)　　____________(서명)

하나님이 우리의 약속에 증인이 되어 주시기를 함께 기도해요. (자녀가 기도하세요.)

Day 10

카드 5

☺ 자녀가 하는 말

부모님께 읽어주세요.

저는 아빠(엄마)를 사랑해요. 아빠(엄마)의 마음을 아프게 하려는 뜻은 전혀 없어요. 하지만 저는 완벽한 사람이 아니기에, 언젠가는 아빠(엄마)의 마음을 또 아프게 하겠지요. 설사 그렇다 하더라도 곧바로 잘못된 것을 바로잡고, 아빠(엄마)에게 용서를 구할 거예요. 아빠(엄마)가 그 고통을 오랫동안 갖고 계시지 않도록 말이에요.
하나님은 우리와 싸운 그 사람에게 즉시 가서 용서를 구하라고 지혜롭게 우리를 가르치세요. "예물을 제단 앞에 두고 먼저 가서 형제와 화목하고 그 후에 와서 예물을 드리라"(마 5:24).
아빠(엄마)가 저 때문에 상처를 받으셨을 때, 아빠(엄마)가 그것에 대해 쉽게 이야기하실 수 있도록 제가 어떻게 해야 할까요? (부모님의 대답을 기다리세요.)

카드 3

☺ 자녀가 하는 말

부모님께 읽어주세요.

저는 누군가가 제 마음을 아프게 하면 그 사람에게 다가가기보다는 그것을 마음속에 담고 있다가 나쁜 행동을 하게 돼요. 오랫동안 마음의 상처를 간직하고 있을 때 이러한 행동이 나와요. (부모님께 자신의 이야기를 솔직하게 이야기해보세요.)

카드 1

Day 10

Day 11

☺자녀가 하는 말

부모님께 읽어주세요.

자녀를 키우는 데에는 정말 많은 돈이 드는 것 같아요. 만일 자녀가 없다면 아빠(엄마)는 자신을 위해서 더 많은 돈을 쓰실 수 있었을 거예요. 만일 아빠(엄마)가 가족을 위해서 돈을 쓰시지 않아도 된다면 아마도 아빠(엄마))는 그 돈으로 이것을 하셨을 것 같아요. (부모님께 자신의 생각을 이야기해보세요.)

부모가 하는 말

자녀에게 읽어주세요.

이렇게 잘 자라줘서 너에게 정말 고맙구나. 하지만 무엇보다 고마운 것은 네가 있는 모습 그대로 정말 사랑스럽다는 거란다.
자신의 자녀를 위해서라면 부모들은 무엇이든지 할 수 있단다. 하나님이 너를 내게 보내주신 것은 정말 축복이야. 아빠(엄마)가 너를 처음 봤을 때, 나는 정말 어찌할 바를 몰랐어. 너를 처음 본 순간 나는 이런 느낌이 들었지. (자녀와 처음 만났을 때 어떤 감정이었는지 이야기해보세요.)

Day 11

카드 4

☺ 자녀가 하는 말

부모님께 읽어주세요.

우리 가족도 그리고 우리 한 사람 한 사람도 완벽하지는 않아요. 하지만 그거 아세요? 우리에게는 서로가 있다는 사실 말이에요.

우리 함께 일어나요. (부모와 자녀가 함께 일어나세요.)

서로에 대해 하나님께 감사 기도를 드려요. (눈을 뜨고 부모님과 함께 소리 내어 기도하세요.)

부모가 하는 말

자녀에게 읽어주세요.

부모가 되기 위해서는 많은 희생이 따르지. 하지만 그 어떤 것보다도 너는 나에게 소중한 사람이야. 나는 우리 가족 한 명 한 명을 생각해볼 때 정말 감사해. 예를 들면 나는 너의 이런 점에 대해 하나님께 정말 감사드려. (자녀에게 자신의 생각을 이야기해보세요.)

카드 3

Day 11

☺ 자녀가 하는 말

부모님께 읽어주세요.

대부분의 자녀들은 부모님께 감사의 표현을 제대로 하지 못하는 경우가 많아요. 하지만 오늘 아빠(엄마)와 이렇게 시간을 보내면서 아빠(엄마)가 저에게 얼마나 소중한 분인지 다시금 깨달을 수 있었어요. 부모가 된다는 것은 정말 힘든 일인 것 같아요. 오늘은 아빠(엄마)가 저와 함께 시간을 보내셨던 것에 대해 감사하다는 말씀을 드리고 싶어요. 저는 아빠(엄마)가 ______________ 해주셨던 것에 대해 감사드려요. (부모님께 구체적으로 감사를 표현하세요.)

카드 1

Day 11

Day 12

☺ 자녀가 하는 말

부모님께 읽어주세요.

제 친구들처럼 저도 언젠가 부모님 때문에 난처했던 경험이 있었을지도 모르겠어요. 하지만 아빠(엄마)에게는 제가 좋아하는 부분들이 훨씬 많아요. 예를 들어 이런 거예요. (자신이 좋아하는 부모님의 모습이 무엇인지 이야기해보세요.)

Day 12

카드 2

부모가 하는 말

자녀에게 읽어주세요.

너의 말이 아빠(엄마)에게 얼마나 큰 기쁨을 주는지 모르겠구나. 하지만 나 또한 너를 무척이나 자랑스럽게 생각하고 있다는 것을 알아주었으면 좋겠어. 나를 기쁘게 하는 너의 장점 중 하나는 바로 이거야. (자녀의 장점을 이야기해보세요.)

Day 12

카드 4

부모가 하는 말

자녀에게 읽어주세요.

우리 가족은 엄청난 부자도 아니고 외모가 매력적이거나 재능이 뛰어난 것도 아니지만, 그래도 하나님의 은혜로 가장 소중한 것을 가지고 있어. 그것은 바로 이런 것들이야. (우리 가족이 가진 감사 제목들을 이야기해보세요.)
내 옆에 와서 서볼래? (자녀를 부모님 옆에 서게 해주세요.)
우리의 이 끈끈한 관계를 앞으로도 계속 유지하도록 노력하자.
그리고 우리가 서로에게서 본 장점에 대해 자부심을 갖자. 오늘은 내가 기도할게. (부모님이 기도해주세요.)

카드 5

Day 12

☺ 자녀가 하는 말

부모님께 읽어주세요.

아빠(엄마)의 장점에 대해 그동안 거의 말하지 않았던 것 같아요. 부모님이 자녀에게 바라시는 것 중 하나는 존중 받으시는 것이 아닐까 생각해요. 어떤 부모님도 완벽하지는 않아요. 하지만 아빠(엄마)가 가지고 계신 좋은 점은 바로 이거예요. (자신이 본 부모님의 장점을 이야기해보세요.)

Day 12

카드 3

☺ 자녀가 하는 말

부모님께 읽어주세요.

아이들이 사춘기를 지날 때 종종 부모님을 부끄럽게 생각한다는 이야기를 들은 적이 있어요. 부모님의 모습, 행동, 차림새 때문에 그럴 수 있지요. 저 역시도 부모님에 대해 부끄러워한 적이 있는 것 같아요.
혹시 아빠(엄마)도 학창 시절에 부모님 때문에 난처했던 경험이 있으세요? 하나만 이야기해주세요. (부모님의 대답을 기다리세요.)

카드 1

Day 12

Day 13

☺ **자녀**가 하는 **말** : 둘 중 자신에게 해당되는 것 하나를 부모님께 읽어주세요.

서로 친밀한 가정

가족끼리 계속해서 친밀하게 지내기란 쉽지 않은 것 같아요. 우리 가족의 친밀한 관계가 계속 유지될 수 있었던 이유는 바로 이것이 아닐까요? (부모님께 자신의 생각을 이야기해보세요.)

그다지 친밀하지 않은 가정

불평하려는 것은 아니에요. 제 생각에는 우리 가족이 서로 멀어지게 된 데에는 어떤 이유가 있었던 것 같아요. 우리 가족이 서로 멀어지게 된 것은 바로 이것 때문이 아닐까요? (부모님께 자신의 생각을 이야기해보세요.)

Day 13

카드 2

☺ 자녀가 하는 말

부모님께 읽어주세요.

우리 가족의 친밀함을 위해 아빠(엄마)가 이렇게 노력해주시겠다니 정말 기뻐요. 저도 우리의 친밀한 관계를 위해 무언가 하고 싶어요. 저는 오늘부터 이렇게 하겠어요. (부모님께 자신의 결심을 이야기해보세요.)

Day 13

카드 4

부모가 하는 말

자녀에게 읽어주세요.

우리가 가족을 우선으로 생각한 후부터 우리에게 무언가 멋진 일이 일어날 것만 같구나.
마태복음 18장 20절에 "두세 사람이 내 이름으로 모인 곳에는 나도 그들 중에 있느니라"고 하나님이 말씀하셨어.
하나님의 지혜와 능력으로 우리 가족을 도와달라고 소리 내어 기도하자. (자녀와 함께 기도하세요.)

Day 13

카드 5

부모가 하는 말 : 둘 중 자신에게 해당되는 것 하나를 자녀에게 읽어주세요.

서로 친밀한 가정

우리 가족이 친밀하게 지낸다는 사실에 나 역시 정말 기쁘구나. 하나님의 도우심으로 그동안 우리가 잘 지낼 수 있었다고 생각해. 하지만 네가 점점 자라면서 이러한 친밀함을 계속 유지해나간다는 것이 쉽지만은 않을 것 같구나. 이 친밀한 관계를 계속 유지하기 위해 나는 이렇게 할 거야. (자녀에게 자신의 생각을 이야기해보세요.)

그다지 친밀하지 않은 가정

너와 함께 시간을 보내면서 우리 가족이 나에게 얼마나 소중한지 다시금 깨달을 수 있었어. 예전의 친밀한 관계를 되찾기 위해 나는 이렇게 할 거야. (자녀에게 자신의 생각을 이야기해보세요.)

카드 3

Day 13

☺ **자녀**가 하는 **말** : 둘 중 자신에게 해당되는 것 하나를 부모님께 읽어주세요.

서로 친밀한 가정

30일 대화를 시작하기 전부터 우리 가족은 정말 가까웠던 것 같아요. 예전만큼이나 지금도 서로 친밀하게 지내고 있지요. 우리 가족이 얼마나 친하고 가까웠는지 기억나게 하는 추억이 하나 있어요. 그것은 바로 이거예요. (부모님께 가족의 추억을 하나 이야기해보세요.)

그다지 친밀하지 않은 가정

지금은 좀 아니지만 우리 가족도 예전에는 친밀하게 지냈던 적이 있었지요. 부모님과 얼마나 친하고 가까웠는지 기억나게 하는 추억이 하나 있어요. 그것은 바로 이거예요. (부모님께 가족의 추억을 하나 이야기해보세요.)

카드 1

Day 14

부모가 하는 말

자녀에게 읽어주세요.

우리가 서로의 눈을 바라보는 동안, 이번에는 이런 생각들을 해보자.
예를 들어 "사랑합니다", "당신이 상상하는 것보다 더 당신은 내게 소중합니다", "나는 당신의 모든 것을 용서합니다", "당신에게 상처를 주고 싶지 않습니다"라는 생각을 하는 거야.

1분 동안 아무 말없이 서로를 바라보기만 한다면 정말 어색할 거야. 어쩌면 눈이 가려울지도 몰라. 하지만 이렇게 한 번 해보자. 서로가 정말 소중하다는 생각만으로 1분을 보내는 거야. 네가 "시작"이라고 말해줄래? (자녀가 "시작"이라고 외치면 1분 동안 서로의 눈을 바라보세요.)

Day 14

카드 2

부모가 하는 말

자녀에게 읽어주세요.

네가 아빠(엄마)의 눈을 바라보고 있을 때 이런 생각을 하는 것 같았는데….
내 생각이 맞았니? (자녀에게 자신의 생각을 이야기해보세요.)
이것 말고 또 어떤 생각을 했었니? (자녀의 대답을 기다리세요.)

Day 14

카드 4

부모가 하는 말

자녀에게 읽어주세요.

30일이 지나고나면 우리가 예전보다 더 서로를 사랑하게 될 것 같아.
오늘 저녁 우리의 마음이 하나 되게 해주신 하나님께 감사 기도를 드리자. (부모님이 기도하세요.)
(카드 뒷면에 지금 이 순간 자녀에 대해 어떤 생각을 하고 있는지 쓴 다음, 이 카드를 자녀에게 주세요.)

Day 14

카드 5

☺ 자녀가 하는 말

부모님께 읽어주세요.

아빠(엄마)가 저의 눈을 바라보고 계신 동안 이런 생각을 하시는 것 같았는데, 제 생각이 맞았나요? (부모님께 자신의 생각을 이야기해보세요.)

서로 눈을 바라보는 동안 또 어떤 생각을 하셨어요? (부모님의 대답을 기다리세요.)

카드 3

Day 14

☺ 자녀가 하는 말

부모님께 읽어주세요.

영화 속에서 우주인들이 말 한 마디 하지 않고 서로의 생각만으로 의사소통을 하는 것을 보았어요. 우리도 한번 해봐요. 앞으로 1분 동안 서로의 눈만 바라보는 거예요. 제가 "시작"이라고 외칠게요. 1분이 지나서 제가 "그만"이라고 말하면 부모님이 카드 2를 읽어주세요. (부모님의 눈을 바라보세요.)

카드 1

Day 14

Day 15

☺자녀가 하는 말 : 둘 중 자신에게 해당되는 것 하나를 부모님께 읽어주세요.

가족이 충분한 시간을 보내는 경우

아빠(엄마)가 저와 함께 시간을 보내주심으로 저에게 보여주신 사랑에 감사드려요. 우리가 함께 시간을 보낼 수 있어서 저는 정말 기뻐요. 아빠(엄마)와 함께 시간을 보내면서 제가 아빠(엄마)에게 정말 소중한 사람이라는 걸 알게 되었어요. 아빠(엄마)와 함께 시간을 보낼 때 저는 이런 기분이 들어요. (부모님께 자신의 생각을 이야기해보세요.)

가족이 함께 충분한 시간을 보내지 못하는 경우

아빠(엄마)가 저와 함께 시간을 보내주심으로 저에게 보여주신 사랑에 감사드려요. 아빠(엄마)는 저에게 정말 소중한 분이세요. 아빠(엄마)가 저와 약속한 이 시간을 지키지 않으실 때면 저는 좀 슬퍼져요. 아빠(엄마)의 의도는 전혀 그렇지 않다는 것을 알지만, 저와 시간을 보내주지 않으실 때 제가 하찮은 사람이 된 것 같은 기분이 들거든요. (부모님께 자신의 생각을 이야기해보세요.)

카드 2

부모가 하는 말

자녀에게 읽어주세요.

부모가 자녀와 함께 시간을 보낸다는 것은 저절로 이루어지는 것이 아니라, 부모의 '선택'에 의한 것임을 알아야 한다고 생각한단다. 마찬가지로 부모 또한 이것이 자녀의 '선택'에 의한 것임을 알아야 한다고 생각해.
자녀들이 자라면서 집과 부모를 떠나 있는 시간이 점점 많아지게 된다는 것을 나도 알고 있단다. 우리가 함께 있을 때 아빠(엄마)는 너에게 중요한 사람이라는 것을 느껴. 그때가 언제였냐면 바로 이때였지. (자녀에게 자신의 생각을 이야기해 보세요.)

카드 4

Day 15

☺ 자녀가 하는 말

부모님께 읽어주세요.

저와 더 많은 시간을 보내기 위해 부모님이 이렇게 노력하신다는 것을 알게 되어 정말 기뻐요. 저도 부모님과 시간을 보내기 위해 친구들이나 다른 일들로부터 시간을 떼어놓는다고 생각하니 정말 즐거워요. "하나님을 가까이 하라 그리하면 너희를 가까이 하시리라"(약 4:8)는 말씀처럼 우리도 더 가까워졌으면 좋겠어요. 우리 함께 기도해요. 평생 동안 우리의 이 친밀한 관계가 지속될 수 있도록 말이에요. (자녀가 기도하세요.)

Day 15

카드 5

부모가 하는 말 : 둘 중 자신에게 해당되는 것 하나를 자녀에게 읽어주세요.

자녀가 부모와 충분한 시간을 보낸다고 말했을 경우

우리가 보내는 시간이 충분하다고 생각하니 정말 기쁘구나. 너와 만날 시간을 내기 위해서 아빠(엄마)는 정말 열심히 일을 하고 있어. 네가 아빠(엄마)에게 얼마나 소중한 사람인지 알고 있다니 정말 기뻐. 앞으로 나는 너에게 이런 아빠(엄마)가 되고 싶어. (자녀에게 자신의 생각을 이야기해보세요.)

자녀가 부모와 충분한 시간을 보내지 못한다고 말했을 경우

우리가 보내는 시간이 충분하지 않다고 생각한다니 아빠(엄마)의 마음이 슬프구나. 네가 아빠(엄마)에게 하찮은 존재이기 때문에 너와 시간을 보내지 않은 적은 단 한 번도 없어. 나와 시간을 보내는 것이 너에게 얼마나 소중한지 알게 되었으니 이제 나도 바꾸어나가고 싶어. 오직 우리 두 사람만을 위한 시간이 더 필요한 것 같아. 앞으로 나는 너에게 이런 아빠(엄마)가 되고 싶어. (자녀에게 자신의 생각을 이야기해보세요.)

부모가 하는 말

자녀에게 읽어주세요.

내가 너와 함께 시간을 보내는 것은 단순한 의무감 때문이 아니야. 그것은 바로 너를 사랑하기 때문이지. 너와 함께 시간을 보내고 싶은 이유를 다시 말해줄게. (자녀에게 자신의 생각을 이야기해보세요.)

Day 15

카드 1

Day 16

☺자녀가 하는 말

부모님께 읽어주세요.

어떤 지도자가 이렇게 말했어요. "우리 삶 가운데 있는 좋은 일들이 단지 시간적인 문제 때문에 최고의 일을 방해하는 적이 될 수도 있다"라고요. 그것은 좋은 일 때문에 최고의 일인 가족과 함께하는 시간을 소홀하게 된다는 뜻이라고 해요. 우리 가족이 함께 시간을 보내기 위해 좋은 것 하나를 포기해야 한다면 무엇을 포기해야 할까요? (부모님과 함께 이야기해보세요.)

Day 16

카드 2

☺ 자녀가 하는 말

부모님께 읽어주세요.

우리 가족의 생활을 유지하기 위해 아빠(엄마)가 많은 부담을 안고 계시다는 것을 알고 있어요. 제가 비록 자주 감사의 표현을 하지는 못하지만, 아빠(엄마)가 저를 위해 애쓰시는 모든 수고에 대해 진심으로 감사드려요.
어떤 부모님은 자녀에게 필요한 것들을 마련해주시기 위해서 열심히 일하지만 정작 자녀와 함께 시간을 보내는 것은 잊으시는 것 같아요. 만일 자녀가 자신이 사랑받고 있고 소중한 사람이라는 것을 느끼지 못한다면 그 어떤 것도 별로 의미가 없을 텐데 말이에요.
만일 아빠(엄마)가 지금 일을 더 많이 하셔야 할지, 저와 시간을 더 많이 보내셔야 할지 고민하고 계시다면 제 생각을 말씀드릴게요. (부모님께 자신의 생각을 이야기해보세요.)

Day 16

카드 4

부모가 하는 말

자녀에게 읽어주세요.

언젠가는 너도 자라서 내 곁을 떠날 날이 오겠지. 우리가 몇 달 아니 몇 주라도 함께 보내길 바란다 해도 그것이 불가능하게 될 날이 올 거야.

우리에게 주어진 시간이 너무 짧구나. 함께하는 시간을 더 많이 갖기로 결심하자. 그리고 하나님께 이를 실천하는 용기를 주시기를 함께 기도하자. (자녀와 함께 기도하세요.)

Day 16

카드 5

부모가 하는 말

자녀에게 읽어주세요.

우리 가족 모두 한 집에 살고 있지만, 서로에게 별로 신경 쓰지 않을 때가 있다는 걸 알고 있니? 모두가 자신만의 세계에 빠진 것 같이 느껴질 때가 있어. 어떻게 하면 우리가 자신만의 세계에서 빠져나와 가족 모두가 함께할 수 있을까? (자녀와 함께 이야기해보세요.)

Day 16

카드 3

부모가 하는 말 : 둘 중 자신에게 해당되는 것 하나를 자녀에게 읽어주세요.

대부분의 식사 시간을 함께하는 가족

한 조사에 따르면 저녁 식사를 함께하는 가정일수록 가족과 시간을 더 많이 보내고, 그렇지 않은 가정에 비해 문제가 적다고 하는구나. 이런 사실을 알고나니 우리가 식사 시간을 함께하고 있다는 것이 정말 감사하구나. 이 소중한 시간을 잃어버리지 않기 위해 우리가 할 수 있는 것에는 무엇이 있을까? (자녀와 함께 이야기해보세요.)

식사 시간을 함께하지 못하는 가족

한 조사에 따르면 저녁 식사를 함께하는 가정일수록 가족과 시간을 더 많이 보내고, 그렇지 않은 가정에 비해 문제가 적다고 하는구나. 이런 사실을 알고나니 좀 걱정이 되는구나. 우리 가족은 식사 시간을 함께 하지 못할 때가 많았어. 어떻게 하면 우리가 함께 식사하는 시간을 늘릴 수 있을까? (자녀와 함께 이야기해보세요.)

Day 16

카드 1

Day 17

부모가 하는 말

자녀에게 읽어주세요.

네 나이에 앞으로 다가올 미래에 대해 염려하는 것 그리고 그것이 어떤 결과를 가져올지 몰라 두려워하는 것은 자연스러운 거란다. 너는 때때로 여러 가지 현상에 대해 의문을 갖기도 할 거야. 하지만 아빠(엄마)가 볼 때 너는 앞으로 멋진 삶을 살게 될 거야.

너에게는 네 자신은 물론이고, 네가 돌보아야 할 사람들을 잘 도울 수 있는 성격적인 특징과 능력이 있어. 그것은 바로 이런 것들이지. (자녀가 가진 성격적인 특징과 능력에 대해 충분한 관심을 기울이지 못했다면, 이 부분은 내일 이야기하기로 하고 마치세요.)

카드 2

Day 17

부모가 하는 말 : 둘 중 자신에게 해당되는 것 하나를 자녀에게 읽어주세요.

장래 희망이 있는 자녀

네가 꿈을 이루기 위해 노력하고 있을 때, 나는 단순히 격려의 말을 하는 것에 만족하고 싶지는 않구나. 나는 너의 꿈이 현실로 이루어질 수 있도록 도와주고 싶어. 나는 너의 꿈이 ____________라는 것을 안단다. 너의 꿈이 이루어지도록 나는 이러한 방법으로 너를 돕고 싶어. (자녀에게 자신의 생각을 이야기해보세요.)

장래 희망을 찾지 못한 자녀

좀 더 시간이 지나면 너도 미래에 대한 그림을 그리게 되겠지. 네가 꿈을 이루기 위해 노력하고 있을 때, 나는 단순히 격려의 말을 하는 것에 만족하고 싶지는 않구나. 네가 꿈을 이루기 위해 노력하는 동안 최선을 다해 도울 것을 약속해. 그렇게 하는 이유는 바로 이것 때문이지. (자녀에게 자신의 생각을 이야기해보세요.)

☺ 자녀가 하는 말

부모님께 읽어주세요.

저의 성격적인 특징과 능력이 저의 미래에 중요한 역할을 하게 될 거라는 아빠(엄마)의 말씀은 저에게 정말 소중해요.
그리고 제 꿈이 이루어지도록 하나님과 아빠(엄마)가 저를 도와주실 거라는 말씀 또한 저에게 정말 큰 힘이 돼요.
아빠(엄마), 제 뒤에 서주실 수 있으세요? (부모님이 자녀 뒤에 서주세요.)
제 어깨에 손을 얹고, 저의 미래를 하나님께 맡겨드리는 기도를 해주세요. (부모님이 기도해주세요.)

Day 17

카드 5

부모가 하는 말 : 둘 중 자신에게 해당되는 것 하나를 자녀에게 읽어주세요.

자녀가 그리스도인인 경우

너는 예수님과 친밀한 관계를 맺음으로써 미래의 중요한 결정들을 내리는 것에 대한 두려움을 떨쳐버릴 수 있어. 예수님이 하신 약속 중에 이런 말씀이 있지. "너는 범사에 그를 인정하라 그리하면 네 길을 지도하시리라"(잠 3:6). 네가 예수님과 매일 동행한다면, 미래에 대한 결정을 내릴 때 예수님이 네게 지혜를 주실 거야.

자녀가 그리스도인이 아닌 경우

네가 예수님을 믿기로 결심한다면 예수님으로부터 오는 많은 은혜들을 받을 수 있어. 그 중 하나는 이거야. "너는 범사에 그를 인정하라 그리하면 네 길을 지도하시리라"(잠 3:6). 네가 매일 예수님과 동행하기로 결심하는 그 순간, 예수님은 네가 미래에 대한 결정을 내릴 때 그분의 지혜를 주실 거야. 예수님을 너의 구세주로 영접하는 것에 대해 어떻게 생각하니? 너를 어떻게 도와줄 수 있을까?

☺ 자녀가 하는 말

부모님께 읽어주세요.

대부분의 아이들은 미래에 대해 많은 걱정을 하고 있어요. 어떤 직업을 가져야 할지, 대학에 가지 못하면 미래를 망치게 되지는 않을지 걱정하기도 해요. 아이들이 고민하는 이러한 것들은 주로 실패할지 모른다는 두려움 때문에 생겨요. 저도 이런 고민들을 할 때면, 마음속에 여러 가지 생각들을 하게 돼요. (부모님께 자신의 마음을 솔직하게 이야기해보세요.)

Day 17

카드 1

Day 18

☺자녀가 하는 말

부모님께 읽어주세요.

(부모님을 침대나 소파에 누우시게 하고 다음과 같이 말하세요.)

오늘은 아빠(엄마)가 갑작스럽게 돌아가셨다고 생각하고 아빠(엄마)에게 제가 하고 싶은 말들을 할 거예요.

"어떻게 이렇게 돌아가실 수 있으세요? 하고 싶었던 말들이 얼마나 많은데요. 저는 아빠(엄마)에게 이런 말씀을 드리고 싶었어요." (부모님께 자신의 생각을 이야기해보세요.)

카드 2

Day 18

부모가 하는 말

자녀에게 읽어주세요.

부모도 마찬가지로 자녀가 죽거나 집을 떠날 때 정작 중요한 말들을 하지 못하고 자녀를 떠나보내는 경우가 있단다.
나에게는 그런 일이 생기지 않았으면 좋겠구나.
너와 함께 있는 동안 이 말을 꼭 하고 싶구나. (자녀에게 자신의 생각을 이야기해보세요.)

Day 18

카드 4

☺ 자녀가 하는 말

부모님께 읽어주세요.

부모님은 자녀가 어릴 때 죽을 수 있다는 사실을 전혀 예상하지 못하시는 것 같아요. 하지만 그런 일들은 종종 일어나지요. 자녀 또한 부모님이 갑작스럽게 돌아가실 수 있다는 사실을 거의 생각하지 못하는 것 같아요. 하지만 그런 일들 역시 종종 일어나곤 해요.

우리 함께 손을 잡을까요? (부모님과 손을 잡으세요.) 우리는 서로 하지 못한 말들을 남긴 채 떠나지 않기로 약속해요. 함께 있는 동안 자주 사랑을 표현하고 용서를 구하기로 약속해요. 하나님께 지금 우리가 한 약속을 말씀드릴까요? (부모님과 함께 기도하세요.)

Day 18

카드 5

☺ 자녀가 하는 말

부모님께 읽어주세요.

부모님이 갑자기 돌아가시는 경우, 죄송하다는 말을 할 기회를 놓치고 자녀가 몹시 슬퍼하는 경우가 있어요. 저에게는 그런 일이 생기지 않았으면 좋겠어요. 아빠(엄마)가 저와 함께 계실 때 이 말씀을 꼭 드리고 싶었어요. (부모님께 자신의 생각을 이야기해보세요.)

부모가 하는 말

자녀에게 읽어주세요.

(자녀를 침대나 소파에 눕게 하고 다음과 같이 말하세요.)

오늘은 네가 어젯밤 죽었다고 가정하고 연극을 할 거야. 지금은 너의 장례식 중이고 너는 관 속에 누워 있어. 다른 사람은 아무도 없지. 나는 지금 네가 갑작스럽게 죽은 것처럼 생각하고 너에게 하고 싶은 말들을 할 거야.

"어떻게 네가 죽을 수 있니? 너에게 하고 싶었던 말들이 얼마나 많은데…. 아빠(엄마)는 너에게 이런 말을 하고 싶었어." (자녀에게 자신의 생각을 이야기해보세요.)

*최근에 가족이나 친척 중 실제로 상을 당했거나 이 역할극이 불편하게 느껴지면, 카드 3으로 넘어가도 됩니다.

Day 18

카드 1

Day 19

부모가 하는 말

자녀에게 읽어주세요.

하나님은 또한 이렇게 말씀하셨어.
“하나님이 세상을 이처럼 사랑하사 독생자를 주셨으니 이는 그를 믿는 자마다 멸망하지 않고 영생을 얻게 하려 하심이라”(요 3:16).
종교가 있는 사람들도 지옥에 갈 수 있고, 믿음이 아주 신실한 사람들도 지옥에 갈 수 있어. 오직 예수님으로 말미암아 죄 사함을 받고 영생을 얻은 사람들만이 천국에 갈 수 있지.
오늘 밤 내가 죽는다면 내일 아침 나는 ○○에 있을 거야. (자녀에게 자신의 생각을 이야기해보세요.)
그렇게 생각하는 이유는 바로 이거야. (자녀에게 자신의 생각을 이야기해보세요.)

카드 2

Day 19

부모가 하는 말 : 둘 중 자신에게 해당되는 것 하나를 자녀에게 읽어주세요.

부모와 자녀 둘 다 그리스도인인 경우

우리 둘 다 예수 그리스도께 우리의 모든 것을 맡겼으니 우리는 영원토록 천국에서 함께 있을 수 있어. 우리 함께 기뻐하자. 혹시 주위에 있는 사랑하는 사람들 중에 천국에서 만나지 못하게 될 사람들이 있는지 같이 생각해보자. (자녀와 함께 이야기해보세요.)

부모와 자녀 중 한 명만 그리스도인인 경우

우리 둘 중 한 명은 천국에, 한 명은 지옥에 있게 될 것 같구나. 지금까지 함께해온 시간 중에 오늘이 가장 중요한 시간인 것 같은데, 네 생각은 어떠니? 지금 나는 이런 기분이 들어. (자녀에게 자신의 마음을 이야기해보세요.)

☺ 자녀가 하는 말 : 둘 중 자신에게 해당되는 것 하나를 부모님께 읽어주세요.

부모와 자녀 둘 다 그리스도인인 경우

아빠(엄마)나 제가 서로의 장례식에 참석하게 된다면, 정말 마음이 아플 것 같아요. 하지만 그 시간이 지난 후 정말 멋진 순간이 오기를 기다릴 수 있을 것 같아요. 잠깐의 이별 뒤에 영원한 만남이 기다리고 있으니까요. 우리 가족에게 이런 기적을 허락해주신 하나님께 감사 기도를 드리고 싶어요. (자녀가 기도하세요.)

부모와 자녀 중 한 명만 그리스도인인 경우

우리 모두는 서로에게 정말 소중한 사람들이에요. 그렇기 때문에 영원히 헤어진다는 것은 있을 수 없는 일이라고 생각해요. 우리 함께 기도해요. 하나님이 우리 모두에게 구원을 허락해주시기를요. (둘 중 한 사람이 기도하세요.)

☺ 자녀가 하는 말

부모님께 읽어주세요.

오늘 밤 제가 죽는다면 내일 아침 저는 ○○에 있을 거예요. (부모님께 자신의 생각을 이야기해보세요.)
그렇게 생각하는 이유는 바로 이거예요. (부모님께 자신의 생각을 이야기해보세요.)

Day 19

카드 3

☺ 자녀가 하는 말

부모님께 읽어주세요.

사람이 죽으면 어떤 사람은 천국에 가고 어떤 사람은 지옥에 가요. 하나님은 이렇게 말씀하셨어요.
"그 때에 임금이 그 오른편에 있는 자들에게 이르시되 내 아버지께 복 받을 자들이여 나아와 창세로부터 너희를 위하여 예비된 나라를 상속받으라 또 왼편에 있는 자들에게 이르시되 저주를 받은 자들아 나를 떠나 마귀와 그 사자들을 위하여 예비된 영원한 불에 들어가라"(마 25:34, 41).
저는 이 세상에서만 아빠(엄마)와 함께 있는 것이 아니라 영원토록 함께 있고 싶어요. 만일 어떤 이유로 인해 우리가 영원토록 함께 있지 못하고 헤어져야 한다면, 저는 이런 기분이 들 거예요. (부모님께 자신의 마음을 이야기해보세요.)

Day 19

카드 1

Day 20

부모가 하는 말

자녀에게 읽어주세요.

우리 가족을 위해 네가 그런 결심을 했다니 아빠(엄마)의 마음이 뭉클해지는구나. 지금 당장 너와 함께 기도하고 싶어. 너에게 그런 마음을 주신 하나님께 감사드리고, 네가 결심한 것들을 잘 지킬 수 있도록 도와주시기를 기도하자.

(부모님이 기도하세요.)

Day 20

카드 2

☺ 자녀가 하는 말

부모님께 읽어주세요.

저는 아빠(엄마)가 우리 가족이 좀 더 하나가 되고, 하나님이 계획하신 본래의 모습으로 변화되기 원하신다는 것을 알아요. 저도 아빠(엄마)를 위해 기도하고 싶어요. 아빠(엄마)에게 그런 결심을 주신 하나님께 감사드리고, 더불어 그 결심을 잘 지킬 수 있게 도와주시길 기도할게요. (부모님의 등 뒤로 가서, 부모님의 어깨에 손을 얹고 기도하세요.)

☺ 자녀가 하는 말

부모님께 읽어주세요.

아빠(엄마)와 저는 우리의 결심을 잘 지키기 위해서 하나님의 도움이 필요하다는 것을 알고 있어요. 우리 남은 열흘 동안 매일 밤 우리의 결심을 잘 지킬 수 있도록 서로를 위해 기도해요. (부모님과 함께 약속하세요.)

Day 20

카드 5

부모가 하는 말

자녀에게 읽어주세요.

매일 너와 함께 시간을 보내면서 우리 가족이 좀 더 친밀하게 지내기 위해 내가 할 수 있는 일들이 무엇인지 생각해 보았어. 우리 가족의 친밀한 관계를 위해 내가 고쳐야 할 점 두 가지가 있어. (자녀에게 자신이 고쳐야 할 점 두 가지를 이야기해 보세요.)

Day 20

카드 3

☺ 자녀가 하는 말

부모님께 읽어주세요.

30일간의 대화를 하면서 우리 가족이 저에게 얼마나 소중한지 새삼 느끼고 있어요. 우리 가족이 좀 더 친밀하게 지내기 위해서 제가 할 수 있는 일이 무엇인지 생각해보았어요. 우선 제가 고쳐야 할 점 두 가지가 있어요. 이 두 가지를 고쳐서 우리의 관계를 더욱 친밀하게 만들고 싶어요. (부모님께 자신이 고쳐야 할 점 두 가지를 이야기해보세요.)

Day 20

카드 1

Day 21

☺자녀가 하는 말 : 둘 중 자신에게 해당되는 것 하나를 부모님께 읽어주세요.

편부 또는 편모 가정

누구에게나 문제는 있어요. 어떤 아이들은 심각한 병에 걸리고, 어떤 아이들은 학습 장애라는 어려움을 겪기도 해요. 제가 가진 어려움 중 하나는 부모님이 한 분밖에 안 계신 거예요. 저에게 없는 다른 한 부모님(아빠 또는 엄마)을 생각하면 저는 이런 기분이 들어요. (부모님께 자신의 생각을 이야기해보세요.)

부모님 사이가 좋은 가정

부모님의 결혼 생활을 통해 저는 안정감을 느껴요. 정말 감사한 마음뿐이에요. 부모님 두 분이 평생 동안 결혼 생활을 계속해가실 거라고 생각하는 것은 저에게 이러한 의미가 있어요. (부모님께 자신의 생각을 이야기해보세요.)

부모님 사이가 좋지 않은 가정

저는 가끔 부모님의 결혼 생활로 인해 불안해요. 만약 부모님이 이혼하실지도 모른다고 생각하면 저는 이런 기분이 들어요. (부모님께 자신의 생각을 이야기해보세요.)

카드 2

☺ 자녀가 하는 말 : 둘 중 자신에게 해당되는 것 하나를 부모님께 읽어주세요.

편부 또는 편모 가정

상담 전문가들은 가장 어려운 일 중 하나가 아이를 혼자 키우는 거라고 말해요. 제가 다 이해할 수는 없지만, 아빠(엄마)가 저를 혼자 키우시느라 많이 힘드셨다는 걸 알아요. 사실 부모님이 두 분 다 계신 경우와 비교해서 아빠(엄마)는 저의 사랑이 더 필요하신 것 같아요. 우리의 앞날을 위해 제가 할 수 있는 것은 바로 이런 거예요. (부모님께 자신의 생각을 이야기해보세요.)

부모님 사이가 좋은 가정

부모님이 저를 위해 해주신 모든 것들에 대해 감사드려요. 하지만 무엇보다도 가장 감사한 것은 부모님이 제 곁에 계신 거예요. 부모님 두 분이 모두 계신 것이 저에게 얼마나 소중한지 모르겠어요. 저는 제가 두 분의 결혼 생활에 문젯거리가 되지 않는다는 걸 알아요. 그리고 두 분 사이에 문제가 생겼을 때 제가 해결할 수 없다는 것도 알아요. 제가 해드릴 수 있는 건 두 분을 위해 기도하는 거예요. (부모님께 자신의 생각을 이야기해보세요.)

부모님 사이가 좋지 않은 가정

대부분의 사람들은 결혼 생활을 지켜나가기 위해 전문 상담가에게 도움을 요청하는 것을 그리 좋아하지 않는 것 같아요. 만약 부모님이 우리 가정을 지키는 데 전문 상담가의 도움이 필요하다고 생각하신다면 저는 전적으로 부모님 생각을 존중해드릴 거예요. 부모님이 상담을 원하신다는 것을 알고 나니 저는 이런 기분이 들어요. (부모님께 자신의 생각을 이야기해보세요.)

카드 4

부모가 하는 말 : 둘 중 자신에게 해당되는 것 하나를 자녀에게 읽어주세요.

편부 또는 편모 가정

성경은 부모님이 한 분밖에 없는 아이들과 배우자를 먼저 떠나보낸 사람들에 대해 하나님이 더 특별한 마음을 가지고 계시다고 말씀하셔. 하나님은 그런 가정들을 특별히 더 보호하시고 도움을 주시지. 하나님이 우리와 함께 계시고 우리를 돌보신다고 생각하니 평안과 자신감이 생기는구나. 우리 같이 일어설까? (자녀와 함께 일어나세요.) 함께 손을 잡고 하나님이 계신 것과 그리고 이 시간 우리가 함께 있는 것에 대해서 감사하는 기도를 드리자. (자녀와 함께 기도하세요.)

부부 사이가 좋은 가정

행복한 가정은 모두 하나님이 주신 것이기에 우리는 하나님께 모든 영광을 돌려야 해. 행복한 가정은 하나님이 주신 가장 큰 선물이지. 우리 같이 일어날까? (자녀와 함께 일어나세요.) 이 시간 손을 잡고 기도하자. 행복한 가정을 허락하신 하나님께 감사드리자. (자녀와 함께 기도하세요.)

부부 사이가 좋지 않은 가정

만약 우리 가족 가운데 누군가가 불치의 병에 걸렸다면, 우리는 기적을 베풀어달라고 기도할 거야. 하나님이 우리의 질병을 고치는 기적을 베푸시는 것처럼 부부 사이에도 기적을 베푸실 거라 믿어. 이 시간 우리 가정에 기적이 일어나도록 기도하자. 우리 같이 일어날까? (자녀와 함께 일어나세요.) 함께 손을 잡고 기도하자. 우리가 손을 잡음으로 너를 영원히 사랑한다는 사실을 알려주고 싶어. 우리 가족에게 무슨 일이 일어나든지 너는 나의 사랑하는 자녀란다. (부모님이 기도하세요.)

카드 5

부모가 하는 말 : 둘 중 자신에게 해당되는 것 하나를 자녀에게 읽어주세요.

편부 또는 편모 가정

만일 네가 심각한 병에 걸렸거나 학습 장애가 있다면 아빠(엄마)는 네 상태가 어떤지 항상 살피고, 네게 사랑과 관심을 보이는 일에 최선을 다할 거야. 나는 네가 요즘 무슨 생각을 하는지 궁금해. 내가 너와 얼마나 가까워지고 싶어하는지 이야기해주고 싶어. (자녀에게 자신의 생각을 이야기해보세요.)

부부 사이가 좋은 가정

이상하게 들릴지 모르겠지만 좋은 부부 생활을 유지하는 건 쉬운 일이 아니야. 부부 사이에 사랑이 지속되고 친밀해지기 위해서는 그만큼의 노력과 희생이 요구되지. 하나님께 대한 사랑과 서로에 대한 사랑으로 우리는 서로 사랑하면서 살 수 있어. 너의 존재 또한 부부 사이를 단단하게 이어주지. 다시 말하면…. (자녀에게 자신의 생각을 이야기해보세요.)

부부 사이가 좋지 않은 가정

부부 사이가 그리 좋지 않은 가정에서 성장하는 것은 정말 힘들 거야. 그래서 나는 너를 더 이해하려고 노력하고 있어. 네가 공허하고 두려운 마음이 들 때, 나에게 이야기해주었으면 좋겠어. 나도 너를 더 잘 이해하기 위해 노력할게. 아무것도 너에 대한 나의 사랑을 막을 수 없다는 것을 네가 확신했으면 좋겠어. (자녀에게 자신의 생각을 이야기해보세요.)

부모가 하는 말

: 둘 중 자신에게 해당되는 것 하나를 자녀에게 읽어주세요.

편부 또는 편모 가정

만일 네게 아빠, 엄마 모두가 있다면 지금과 어떻게 다를까? 그리고 너의 마음은 지금과 어떻게 다를지 가끔 상상해볼 때가 있어. 예를 들어, 너에게 부모가 모두 있었더라면…. (자녀에게 자신의 생각을 이야기해보세요.)

부부 사이가 좋은 가정

모든 자녀들이 부모의 결혼 생활에 대해서 궁금해할 거야. 나는 네가 집에 있을 때 안정감을 느꼈으면 좋겠구나. 나는 우리 부부가 생명을 다할 때까지 서로 사랑할 거라고 확신해. 내가 이렇게 확신할 수 있는 이유는 이런 것들이야. (자녀에게 자신의 생각을 이야기해보세요.)

부부 사이가 좋지 않은 가정

결혼 생활이 완벽하지 않다는 것을 너도 알 거야. 이러한 사실이 때로 너에게 상처를 주고, 너를 힘들게 한다는 것을 알고 있어. 그러나 꼭 내가 말하고 싶은 것이 있어. 그것은 바로 아빠, 엄마의 결혼 생활이 힘든 것이 너 때문이 아니라는 사실이야. 그러니까 너 자신을 비난해서는 안 돼. 다시 설명해줄게. (자녀에게 자신의 생각을 이야기해보세요.)

Day 21

카드 1

Day 22

☺ 자녀가 하는 말

부모님께 읽어주세요.

우리 집의 규칙을 지키는 건 정말 힘들어요. 규칙을 조금 바꾸어달라고 말씀드렸는데 제 말을 들어주지 않으실 때, 저는 스트레스를 받아요. 제가 우리 집 규칙을 잘 지키게 하기 위해 아빠(엄마)가 저보다 더 많이 힘드실 거라고 생각해요. 하지만 저를 사랑하시기에 묵묵히 기다려주시는 것을 잘 알아요.
그동안 우리 집 규칙을 잘 지키도록 저를 가르치시느라 많이 힘드셨죠? 제 생각에 아빠(엄마)는 최근에 이런 일로 속상하셨을 것 같아요. (부모님께 자신의 생각을 이야기해보세요.)

카드 2

Day 22

☺ 자녀가 하는 말

부모님께 읽어주세요.

제가 잘못했을 때 부모님의 조언 가운데 어떤 것은 효과가 있었지만, 어떤 것은 별로 소용이 없었어요. 만약 제가 더 많이 달라지기를 원하신다면 제가 잘못된 행동을 했을 때 이렇게 해주셨으면 좋겠어요. (부모님께 자신의 생각을 이야기해보세요.)

카드 4

☺ 자녀가 하는 말

부모님께 읽어주세요.

제가 아빠(엄마)옆에 무릎을 꿇고 앉을게요. 아빠(엄마)는 일어나셔서 한 손은 제 머리 위에 그리고 다른 한 손은 하늘로 올려주세요. (이 카드를 옆에 놓고 자녀가 큰 소리로 기도하세요. 부모님이 하나님이 주시는 사랑과 지혜로써 자녀를 양육하시도록 부모님을 위해서 기도하세요.)

Day 22

카드 5

부모가 하는 말

자녀에게 읽어주세요.

집안 규칙을 정하고 너를 가르치는 것이, 너를 사랑하는 아빠(엄마)의 방법이라는 것은 사실이야. 솔직히 말해서 나도 때로는 지치고 힘들었단다. 나도 인간이기에 어느 때는 네 마음대로 하더라도 간섭하지 않고, 큰 실수를 하더라도 그냥 내버려두면서 너를 포기하고 싶을 때도 있었지.

하지만 하나님은 기다리라고 가르쳐주셨어. 성경에 보면 "마땅히 행할 길을 아이에게 가르치라 그러면 늙어도 그것을 떠나지 아니하리라"(잠 22:6)라고 나와 있어.

네가 아빠(엄마)와 함께 있는 동안은 네가 마음대로 살도록 내버려둘 수 없단다. 그 이유를 이제 설명해줄게. (자녀에게 자신의 생각을 이야기해보세요.)

☺ 자녀가 하는 말

부모님께 읽어주세요.

저는 부모님의 말씀을 듣지 않고 제멋대로 행동하는 아이들에 대해서 들은 적이 있어요. 그 집에는 지켜야 할 규칙이 없는데, 그 이유는 그 아이들의 부모님이 아이들을 사랑하지 않거나 보살피지 않기 때문이라고 해요. 때때로 저도 우리 집안의 규칙을 지키기 어려울 때가 있어요. 하지만 아빠(엄마)가 저를 사랑하고 보살피시기에 그런 규칙이 있다고 생각해요. 아빠(엄마)가 저를 보살피기 위해 만드신 원칙 중 하나는 바로 이거라고 생각해요. (부모님께 자신의 생각을 이야기해보세요.)

Day 22

카드 1

Day 23

부모가 하는 말

자녀에게 읽어주세요.

배우자에 대해 고민하는 것은 네 나이에 지극히 정상적인 일이야. 하나님은 너를 향한 계획을 가지고 계셔. 네가 하나님의 뜻을 분별하며 하나님과 동행하는 삶을 산다면 하나님은 너에게 특별한 누군가를 보여주실 거야.

너를 사랑하기 때문에 아빠(엄마)의 눈에는 네가 정말 예쁘게(멋있게) 보여. 그건 너를 사랑하게 될 누군가에게도 마찬가지일 거야.

너를 사랑하기 때문에 아빠(엄마)는 너의 성격도 있는 그대로 받아들일 수 있어. 그건 아마 네가 만날 미래의 배우자도 마찬가지일 거야.

미래의 배우자에게 너는 이런 사람이었으면 좋겠구나. (자녀에게 자신의 생각을 이야기해보세요.)

카드 2

부모가 하는 말

자녀에게 읽어주세요.

네가 결혼을 하고, 신혼여행을 가는 것을 보면 아빠(엄마)는 슬플 것 같아. 하지만 슬픔보다는 기쁨이 더 크겠지. 아빠(엄마)는 네가 하나님이 예비하신 바로 그 사람과 함께한다면 정말 기쁠 거야.

너는 충분히 멋진 사람이야. 그렇기 때문에 최선의 배우자가 아닌 차선을 선택할 필요가 없단다.

네가 기다리는 미래 배우자는 이런 사람이었으면 좋겠구나. (자녀에게 자신의 생각을 이야기해보세요.)

카드 4

Day 23

부모가 하는 말

자녀에게 읽어주세요.

너의 배우자를 위해 지속적으로 기도할 것을 약속할게. 만약 하나님이 네가 결혼하기를 원하신다면, 너와 너의 미래의 배우자 모두 나에게 정말 소중한 사람이야. (부모님이 앉아 있던 의자에서 일어나 의자 뒤로 가세요.)
이 의자에 너의 미래의 배우자가 앉아 있다고 생각하자. 이 시간 너의 배우자를 하나님 앞에 드리기 위해서 아빠(엄마)의 손을 이 의자 위에 올릴 거야. 아빠(엄마)가 너의 배우자를 위해서 기도할게. (자녀의 미래 배우자를 위해서 기도하세요.)

Day 23

카드 5

☺ 자녀가 하는 말

부모님께 읽어주세요.

누군가가 저를 선택할 거라는 부모님의 말씀은 저에게 정말 중요해요. 하나님이 모든 것을 주관하신다는 사실 또한 저에게 큰 기쁨이 돼요.

만약 누군가가 저를 사랑하고 다른 사람들보다 더 저를 아낀다는 사실을 알게 된다면 아마도 저는 이런 마음일 거예요. (부모님께 자신의 생각을 이야기해보세요.)

Day 23

카드 3

☺ 자녀가 하는 말

부모님께 읽어주세요.

저도 나중에 결혼을 하게 되겠지요. 누군가가 저를 인생의 동반자로 선택할지도 모른다는 생각을 하면 정말 기분이 좋아요. 하지만 가끔씩 제가 무기력할 때면, 과연 누가 진심으로 나와 결혼하고 싶어할까 하는 생각이 들어요. 요즘 들어 제가 미래의 배우자에 대해 생각하는 것은 바로 이런 거예요. (부모님께 자신의 생각을 이야기해보세요.)

Day 23

카드 1

Day 24

☺ 자녀가 하는 말 : 둘 중 자신에게 해당되는 것 하나를 부모님께 읽어주세요.

부모님을 신뢰하는 경우

부모님과 친밀한 관계를 맺고 있다고 생각하니 부모님께 무엇이든 말씀드릴 수 있는 용기가 생겨요. 때로는 죄책감 때문에 부모님과의 사이에 거리감을 느끼기도 해요. 하지만 부모님이 저를 용서해주시고 여전히 사랑하신다는 사실을 알기에 제 비밀을 말씀드릴게요. 부모님 몰래 간직해왔던 저의 비밀은 바로 이거예요. (부모님께 자신의 생각을 이야기해보세요.)

부모님을 온전히 신뢰하지 못하는 경우

이 시간을 통해 제가 잘못을 할지라도 변함없는 부모님의 사랑에 대해 배워나가고 있어요. 언젠가는 제가 가진 비밀에 대해 더 많이 이야기할 수 있을 것 같아요. 부모님과 솔직한 대화를 해보니 이런 점이 좋은 것 같아요. (부모님께 자신의 생각을 이야기해보세요.)

카드 2

부모가 하는 말

자녀에게 읽어주세요.

네가 이렇게 마음을 열어주니 나도 너와 솔직하게 나의 비밀을 이야기하고 싶구나. 어른들이 비밀을 이야기할 때는 보통 자신의 자녀들보다는 다른 어른들과 주로 이야기하지만, 아빠(엄마)는 네 기도와 도움이 정말 필요하단다. 아빠(엄마)의 어깨에 손을 얹고 하나님이 내게 마음을 열 수 있는 용기를 주시기를 기도해주겠니? (자녀와 함께 기도하세요.)

카드 4

Day 24

부모가 하는 말

자녀에게 읽어주세요.

너를 향한 나의 사랑에 아무 조건이 없다는 사실을 네가 알아주었으면 좋겠구나. 내가 정말 하고 싶은 말은 네가 하나님의 자녀라면, 하나님은 네가 어떤 잘못을 하더라도 너를 사랑하신다는 거야. 나는 네가 하나님의 조건 없는 사랑을 경험했으면 좋겠어. 우리 함께 기도하자. 너의 어깨에 손을 얹어도 되겠니? 하나님께 용서를 구하는 기도를 드리고, 너의 회개를 하나님이 받아주심에 대해 감사하는 기도를 드리자. (자녀가 기도하게 하세요.)

Day 24

카드 5

부모가 하는 말 : 둘 중 자신에게 해당되는 것 하나를 자녀에게 읽어주세요.

자녀가 비밀을 이야기한 경우

네가 이 아빠(엄마)를 신뢰하고 너의 비밀이 무엇인지 알려주니 고맙구나. 하나님이 나를 어떻게 용서하셨는지 알면 너도 깜짝 놀랄 거야. 오늘 너에게 용서가 무엇인지 이야기 해줄게. (자녀에게 자신의 생각을 이야기해보세요.)

자녀가 나중에 비밀을 이야기하기로 한 경우

나도 매일 저녁 우리가 더 가까워지고, 신뢰하는 관계가 되리라고 믿어. 네가 언제 죄책감을 느꼈는지에 대해 언젠가 다시 이야기할 수 있으리라고 생각하니 정말 감사하구나. 우리 사이에 신뢰가 점점 생긴다는 것을 알고나니 이런 생각이 드는구나. (자녀에게 자신의 생각을 이야기해보세요.)

부모가 하는 말

자녀에게 읽어주세요.

우리가 이 대화를 시작했을 때 한 약속이 기억나는구나. 이 대화 시간만큼은 서로 훈계를 하거나 상대방을 낮추거나 서로를 공격하지 말자고 약속했었지. 하루 동안 아무리 힘든 일이 있었더라도, 이 시간만큼은 우리의 마음과 마음이 이어지는 시간이야. 그렇지?

나는 죄를 지었기 때문에 하나님은 나를 받아들이지 않아도 되셨어. 하지만 내가 하나님의 마음을 아프게 했음에도 불구하고, 하나님은 무조건적인 사랑으로 나를 계속 사랑하셨어.
아빠(엄마)는 너와 이런 사랑을 했으면 좋겠어. 네가 나의 마음을 아프게 하고 실망시킬지라도 내가 너를 어떻게 변함없이 사랑할지 이야기해주고 싶어. (자녀에게 자신의 생각을 이야기해보세요.)

Day 24

카드 1

Day 25

☺자녀가 하는 말

부모님께 읽어주세요.

부모님이 자녀의 말을 잘 들어주심에도 불구하고 자녀들의 태도에 문제가 있는 경우도 있어요. 어떤 아이들은 부모님과는 말이 통하지 않을 거라고 생각하고 마음을 닫아버려요. 부모님이 중요한 이야기를 꺼낼 때면 자신도 모르게 방어하는 자세가 되어버린대요. 또 어떤 아이는 부모님과 대화하는 것을 피하려고 이어폰을 귀에 꽂기도 하고, 방문을 닫아버리기도 하고, 시끄러운 음악을 듣기도 해요.

저를 걱정하시기 때문에 제가 더 많은 이야기를 하기 바라시는 것을 알고 있어요. 우리가 더 많은 이야기를 하기 위해 제가 고쳐야 할 점에는 무엇이 있을까요? (부모님의 생각을 이야기해보세요.)

카드 2

Day 25

☺ 자녀가 하는 말

부모님께 읽어주세요.

아빠(엄마)가 변하시면 우리 가족은 전보다 더 많은 대화를 하게 될 거예요. 하지만 그러기 위해서는 먼저 제 도움이 필요하다는 것을 알아요. 이제 저는 많이 컸고 지금도 계속해서 자라나고 있지만, 여전히 아빠(엄마)와 대화를 많이 하고 싶어요. 마음과 마음이 이어지는 대화를 하기 위해 제게 이런 변화가 필요할 것 같아요. (부모님께 자신의 생각을 이야기해보세요.)

부모가 하는 말

자녀에게 읽어주세요.

우리가 생각하는 것보다 훨씬 빨리 네가 이 집을 떠나 독립하는 날이 올지도 몰라. 아마 그때는 전화를 하거나 잠깐의 만남을 통해서만 이야기할 수 있겠지?
우리에게 아직 기회가 있을 때 더 많은 이야기를 나누기로 하자. 바쁘다는 것이나 사이가 안 좋다는 이유로 우리에게 주어진 이 기회를 놓치지 말자.
서로의 이야기를 더 잘 들어주는 사람이 되도록 하나님 앞에 결단하는 기도를 드리자. (자녀와 함께 기도하세요.)

Day 25

카드 5

부모가 하는 말

자녀에게 읽어주세요.

어떤 가족은 서로 떨어져 살기 때문에 저녁이나 주말에도 대화할 시간이 없어. 어떤 가족은 한 집에 살기는 하지만 각자 자기 방에만 있기 때문에 대화를 할 수 없지. 그리고 어떤 가족은 한 방에 같이 있기는 하지만 각자 TV를 보거나 컴퓨터를 하는 등 서로 다른 일을 한단다.
마음과 마음이 이어지는 대화를 하기 위해 내게 이런 변화가 필요할 것 같구나. (자녀에게 자신의 생각을 이야기해보세요.)

카드 3

Day 25

부모가 하는 말

자녀에게 읽어주세요.

자녀들은 대부분 자신들의 개인적인 이야기를 부모보다는 친구들과 하는 것 같아. 이것이 청소년기의 특징일지도 모르지만, 한편으로는 부모가 자녀의 말을 잘 들어주지 않기 때문이 아닐까 생각해. 어떤 부모들은 바쁘기 때문에, 또는 항상 충고만 하려고 들기 때문에 자녀들과 대화가 잘 안 되는 경우도 있을 거야. 그리고 어떤 부모들은 자녀의 이야기에 대해 지나치게 감정적으로 반응하기 때문에 어려움을 겪기도 하지.
너를 사랑하기 때문에 네가 어떤 생각을 하는지 알고 싶어. 네가 친구들에게만 중요한 이야기를 하지 않았으면 좋겠어. 네가 나에게 편하게 다가올 수 있도록 내가 고쳐야 할 점에는 무엇이 있을까? (자녀의 대답을 기다리세요.)

Day 25

카드 1

Day 26

부모가 하는 말

자녀에게 읽어주세요.

어른들도 너희만큼은 아니지만 나름대로 걱정하고 불안해한단다. 머리카락이 빠지고 주름이 늘어나는 것도 그 중 하나지. 어떤 부모들은 학력, 경제력 그리고 다른 여러 가지 것들로 고민해.
오늘은 서로에게 솔직하기로 약속했으니까 내가 가장 걱정하고 어려워하는 부분을 이야기할게. 그것은 바로 이런 거란다. (자녀에게 자신의 생각을 이야기해보세요.)

카드 2

Day 26

부모가 하는 말

자녀에게 읽어주세요.

우리가 이 대화를 하면서 예전보다 화를 덜 내는 것 같구나. 하지만 또 언젠가 서로에게 화를 내게 되겠지? 다음에 화나는 일이 생기면 화나는 일 자체에 대해서만 이야기하도록 노력할게. 민감한 부분을 공격해서 너에게 상처주지 않을게.

나의 이 결심을 다시 이야기해볼게. (자녀에게 자신의 결심을 이야기해보세요.)

카드 4

Day 26

☺ 자녀가 하는 말

부모님께 읽어주세요.

아빠(엄마)는 저와 다르다고 생각했어요. 하지만 이렇게 이야기를 해보니 닮은 부분이 많은 것 같아요. 우리가 서로에게 화가 나서 상처를 주려 한다면 무엇보다도 민감한 부분에 대해 쉽게 공격하려 할 것 같아요.

화나는 일이 생기면 저 역시 화나는 일 자체에 대해서만 이야기하려고 할게요. 아빠(엄마)의 민감한 부분을 건드리지 않도록 할게요.

우리 함께 일어나요. (부모님과 함께 일어나세요.)

서로 손을 잡고 우리가 서로에게 상처주지 않도록 도와달라고 하나님께 기도해요. (부모님과 함께 기도하세요.)

Day 26

카드 5

☺ 자녀가 하는 말

부모님께 읽어주세요.

가족만큼 서로 가장 민감한 부분이 무엇인지 잘 아는 사람은 없다고 생각해요. 만일 가족이 서로 공격하겠다고 마음 먹는다면 분명히 서로에게 가장 상처가 되는 부분들을 이야기할 거예요.

저는 아빠(엄마)가 저의 가장 민감한 부분을 건드려서 상처를 주지 않으실 거라고 믿기 때문에 저의 고민을 이야기할 수 있었어요. 아빠(엄마)를 믿고 제 고민을 이야기할 때 저는 이런 기분이었어요. (부모님께 자신의 생각을 이야기해보세요.)

Day 26

카드 3

☺ 자녀가 하는 말

부모님께 읽어주세요.

아빠(엄마)는 제가 하는 이야기를 다른 사람들에게 하지 않으실 거라고 믿어요. 친구들에게는 이런 이야기를 못하거든요. 아시다시피 저는 저에 대해 다른 사람들이 어떻게 이야기할지 무척 민감해요. 어떤 친구들은 몸무게, 얼굴, 키 등에 대해 신경을 써요. 또 어떤 친구들은 학교 생활, 친구 때문에 걱정하고요.
제가 가진 가장 큰 고민은 이런 거예요. (부모님께 자신의 생각을 이야기해보세요.)

Day 26

카드 1

Day 27

부모가 하는 말

자녀에게 읽어주세요.

나 또한 네가 나의 영적인 생활에 대해 잘 알았으면 좋겠구나. 나를 더 잘 이해할 수 있도록 하나님이 최근에 나에게 어떤 일을 행하셨는지 이야기하고 싶어. (자녀에게 자신이 하나님을 체험한 일을 이야기해보세요.)

카드 2

Day 27

부모가 하는 말

자녀에게 읽어주세요.

너는 나에게 많은 기쁨을 주는구나. 네가 하나님과 가까워질 때 나는 가장 기뻐. 이 성경 구절이 지금 내 마음을 잘 나타내주는 것 같아. "내가 내 자녀들이 진리 안에서 행한다 함을 듣는 것보다 더 기쁜 일이 없도다"(요삼 1:4).
비록 네가 나보다 어리지만 너를 통해 하나님에 대해 많은 것들을 배우게 되었어. 너의 모습 속에서 이런 하나님의 성품을 발견했단다. (자녀에게 자신의 생각을 이야기해보세요.)

카드 4

Day 27

☺ 자녀가 하는 말

부모님께 읽어주세요.

아빠(엄마)가 하나님과 동행하시는 것은 저에게 정말 중요해요. 성경에도 "정직한 자들의 후손에게 복이 있으리로다"(시 112:2)라고 나와 있지요. 저는 하나님께 축복받는 삶을 살고 싶어요. 아빠(엄마)가 하나님을 따르고 순종하시는 것이 제게 영향을 미친다는 것을 알아요. 아빠(엄마)가 더욱 하나님과 동행하는 삶을 사시기를 그리고 예수님이 우리 가정의 주인이 되어주시기를 기도할게요.

우리 함께 무릎을 꿇고 기도해요. 하나님께 영광을 돌리는 삶을 살기로 결단하는 기도를 드려요. (부모님과 함께 기도하세요.)

☺ 자녀가 하는 말

부모님께 읽어주세요.

아빠(엄마)는 제게 정말 소중한 분이세요. 아빠(엄마)의 모습을 통해 하나님이 어떤 분이신지 알게 되었어요. 아빠(엄마)의 모습 속에서 이런 하나님의 성품을 보았어요. (부모님께 자신의 생각을 이야기해보세요.)

예: 하나님은 제가 도움이 필요할 때 항상 함께해주세요. 마찬가지로 아빠(엄마)는 제가 어려움을 겪을 때 항상 함께해주셨어요. 하나님은 우리가 잘못했을 때에도 우리를 받아주세요. 마찬가지로 아빠(엄마)는 저를 향한 부모님의 사랑이 영원히 변치 않는다는 것을 보여주셨어요.

☺ 자녀가 하는 말

부모님께 읽어주세요.

아빠(엄마)는 제 마음을 알고 계실 거예요. 제가 느끼는 감정에 대해서도요. 저는 부모님이 저의 영적인 생활에 대해서도 잘 아셨으면 좋겠어요. 저를 더 잘 이해하실 수 있도록 하나님이 최근에 저에게 어떤 일을 행하셨는지 말씀드리고 싶어요. (부모님께 자신이 하나님을 만난 경험을 이야기해보세요.)

Day 27

카드 1

Day 28

부모가 하는 말

자녀에게 읽어주세요.

아빠(엄마)도 우리가 예전의 좋지 않은 모습으로 돌아갈 위험이 있다고 생각해. 하지만 우리가 서로 사랑하는 한, 서로에게 상처를 주고 싶어하는 일은 없을 거야. 예전의 모습으로 돌아가지 않기 위해서 나는 이런 점을 고쳐야 할 것 같아. (자녀에게 자신이 고쳐야 할 점을 이야기해보세요.)

Day 28

카드 2

부모가 하는 말

자녀에게 읽어주세요.

너와 함께 대화의 시간을 가져서 정말 좋았어. 그리고 이러한 대화가 앞으로도 계속 되었으면 좋겠구나. 우리가 마음으로 서로를 더 잘 알게 된 것 같아 기뻐.
이러한 대화를 계속하려면 앞으로 시간을 더 잘 관리해야 할 것 같아. 30일이 지난 후에도 우리가 서로 깊이 대화할 수 있도록 이 카드 뒷면에 다음에 만날 날짜와 시간과 장소를 써놓자.

카드 4

☺ 자녀가 하는 말

부모님께 읽어주세요.

저는 우리 가족이 예전처럼 서로 바쁘고 대화 없는 가정으로 돌아갈 수도 있고, 이전보다 더 가까워질 수도 있다고 생각해요. 우리는 더 가까워졌으면 좋겠어요.

우리 함께 문 앞으로 가요. (부모님과 문 앞으로 가세요.) 그런 다음 서로 어깨동무를 하고 문 앞에 서요. 이 문 밖에는 현실 세계가 우리를 기다리고 있어요. 이제 이 문 앞에서 우리 함께 기도해요. 어떤 어려움이 있더라도 우리가 서로를 위해 시간을 내고, 계속해서 가까워질 것을 하나님 앞에 약속해요. (부모님과 함께 기도하세요.)

Day 28

카드 5

☺ 자녀가 하는 말

부모님께 읽어주세요.

이제 이 시간도 이틀밖에 안 남았어요. 아빠(엄마)와 이렇게 시간을 내어 대화를 한 것이 정말 자랑스러워요. 하지만 다시 바쁜 일상으로 돌아가면 우리가 서로 충분한 대화를 하지 못할 수도 있다는 것을 알아요. 만일 우리가 깊은 대화를 할 수 없다면 저는 이런 점이 가장 아쉬울 것 같아요. (부모님께 자신의 생각을 이야기해보세요.)

Day 28

카드 3

☺ 자녀가 하는 말

부모님께 읽어주세요.

이 대화를 하면서 아빠(엄마)와의 관계가 점점 좋아지고 있는 것을 느껴요. 우리는 서로 다르지만 서로를 축복했지요. 하지만 이제 이 시간도 이틀밖에 남지 않았어요. 이 30일 대화가 끝난 후 우리가 다시 예전의 모습으로 돌아가지는 않을까 걱정이에요. 그렇게 되지 않았으면 좋겠어요. 예전으로 돌아가지 않기 위해 저는 이런 점들을 고쳐야 할 것 같아요. (부모님께 자신이 고쳐야 할 점을 이야기해보세요.)

Day 28

카드 1

Day 29

☺자녀가 하는 말

부모님께 읽어주세요.

부모가 되는 것이 얼마나 어려운 일인지 상상이 안 돼요. 제가 상상할 수 없을 정도로 아빠(엄마)가 무거운 책임감을 갖고 계심을 알아요. 어떠한 결정을 내리는 것에 대해 어려움을 느끼고 계신 것도 이해해요.
저는 아빠(엄마)가 어떤 행동을 하시는지에 많은 영향을 받고 닮아가고 있어요. 그래서 지금 아빠(엄마)를 하나님께 맡기는 기도를 드리고 싶어요.
[이 카드를 내려놓고 아빠(엄마)의 뒤로 가서 서세요. 아빠(엄마)의 어깨에 손을 올려놓고 소리 내어 아빠(엄마)를 위해 기도하세요. 아빠(엄마)가 자녀를 잘 양육하고 가족의 리더로서의 역할을 잘 하실 수 있도록 기도하세요.]

카드 2

Day 29

☺ 자녀가 하는 말

부모님께 읽어주세요.

저는 저의 힘으로 하나님께 영광을 돌릴 수 없어요. 하나님이 도와주셔야만 가능해요. 이 시간 짧은 연극을 하려고 해요. 아빠(엄마)가 저를 도와주시겠어요?
아빠(엄마)가 일어나서 예수님이 십자가에서 팔을 벌리신 것처럼 두 팔을 벌려주세요. (부모님이 두 팔을 벌리고 서주세요.)
제가 아빠(엄마)가 만드신 그 십자가 앞에 무릎을 꿇을게요. (부모님 앞에 무릎을 꿇고 앉으세요.)
(이 카드를 내려놓고 큰 소리로 기도하세요. 하나님께 영광 돌리는 삶을 살기로 결단하며 자녀가 기도하세요.)

카드 4

Day 29

부모가 하는 말

자녀에게 읽어주세요.

하나님의 도움 없이는 네가 원하는 부모가 되기 힘들단다. 우리 아까처럼 짧은 연극을 해볼까? 이번에는 네가 십자가에 달리신 예수님의 역할을 해주렴. (자녀가 두 팔을 벌리고 서주세요.) 나 또한 그 십자가 앞에 무릎을 꿇고 싶구나. (자녀 앞에 무릎을 꿇고 앉으세요. 이 카드를 내려놓고 큰 소리로 기도하세요. 부모로서 하나님께 영광 돌리는 삶을 살도록 도와달라고 기도하세요.)

부모가 하는 말

자녀에게 읽어주세요.

하나님은 아브라함을 시험하시면서 아들인 이삭을 바치라고 명령하셨어. 그리고 이삭을 제물로 바치기 직전에 아브라함을 멈추게 하셨지. 하나님은 아브라함이 순종하는 것을 보기 원하셨던 거야. 아브라함처럼 나도 네가 나에게 속한 사람이 아니라 하나님께 속한 사람인 것을 알고 있어. 하나님이 너에게 어떠한 삶을 허락하시든 너는 하나님께 속해 있다는 사실을 잊지 않았으면 좋겠어. 나의 가장 큰 바람이 있다면 네가 하나님께 항상 영광 돌리는 삶을 사는 거야. 이 시간 나의 가장 소중한 사람인 너를 하나님께 올려드리고 싶구나. (이 카드를 내려놓고, 자신의 두 손을 자녀의 머리 위에 올려놓으세요. 자녀의 삶을 통해서 하나님이 영광 받으시도록 큰 소리로 기도하세요.)

부모가 하는 말 : 눈으로 이 카드를 읽은 다음, 카드에 나온 지시를 따르세요.

두 손을 자녀의 어깨 위에 올려놓고 자녀의 눈을 바라보면서 "나는 OOO를 사랑해"라고 말하세요. 그러고나서 자녀가 어떠한 일을 잘하기 때문에 사랑하는 것이 아님을 이야기해주세요. 그리고 자신이 얼마나 자녀를 사랑하는지 이야기해주세요.

Day 29

카드 1

Day 30

☺자녀가 하는 말

부모님께 읽어주세요.

저도 이런 이야기를 나누면서 오늘을 축하하고 싶어요. 30일 동안의 대화를 통해서 제가 달라졌다고 느낀 것은 이거예요. (부모님께 자신이 어떤 부분에서 달라졌는지 이야기해보세요.)

지난 30일 동안 부모님은 저에게 정말 많은 축복을 해주셨어요. 그 중에서도 저는 이 말씀이 가장 기억에 남아요. (부모님께 자신의 소중한 기억을 이야기해보세요.)

부모가 하는 말

자녀에게 읽어주세요.

이 시간 하나님께 감사와 찬양을 드리자. 우리의 관계가 좀 더 가까워질 수 있도록 도와주신 하나님께 감사하는 기도를 드리자.

하나님의 은혜로 나의 마음이 너를 향해 열리고, 너의 마음이 나를 향해 열릴 수 있었어. 지난 30일 동안 경험했던 것들이 앞으로도 지속되도록 우리 함께 기도하자. (자녀와 함께 기도하세요.)

카드 4

Day 30

부모님께

이 카드는 이 프로그램 이후의 시간을 위해 잘 보관하세요.
교회 교역자들께 이 30일간의 대화를 경험한 가족들을 위한 모임을 만들어달라고 부탁드리세요. 소그룹으로 나누어 보다 진솔한 이야기를 하면서, 다른 학생들과 부모들도 이 30일간의 대화를 시작하도록 격려해주세요. 30일간의 대화를 통해 하나님이 영광을 받으시며 이 땅의 많은 가정들이 변화될 것입니다.

Day 30

카드 5

부모가 하는 말

자녀에게 읽어주세요.

나도 네가 했던 축복의 말들을 통해서 많은 하나님의 은혜를 경험했어. 그 중에서도 이 말이 가장 기억에 남는구나.
(자녀에게 자신의 소중한 기억을 이야기해보세요.)

카드 3

부모가 하는 말

자녀에게 읽어주세요.

오늘이 벌써 마지막 날이구나. 오늘은 하나님이 우리에게 지난 30일 동안 행하신 일들을 축하하는 날이야. 30일 동안의 대화를 통해 내가 너와의 관계에서 가장 크게 달라진 것은 바로 이거란다. (자녀에게 자신이 어떤 부분에서 달라졌는지 이야기해보세요.)

Day 30

카드 1

십대 자녀를 위한 30일 기도문

자녀를 위한 부모의 기도는 하나님의 보좌를 움직이는 힘이 있습니다.

“네 자녀에게 부지런히 가르치며 집에 앉았을 때에든지 길을 갈 때에든지 누워 있을 때에든지 일어날 때에든지 이 말씀을 강론할 것이며”(신 6:7).

제1일: 구원

주님, 우리 자녀들 안에 구원이 싹트게 하시고 그리스도 예수 안에 있는 구원을 영원한 영광과 함께 얻게 하소서(사 45:8, 딤후 2:10).

제2일: 은혜 안에서의 성장

주님, 우리 자녀들이 주님이시며 구주이신 예수 그리스도에 대한 지식과 은혜 가운데 자라게 하소서(벧후 3:18).

제3일: 사랑

주님, 우리 자녀들이 그들 안에 거하시는 성령을 통하여 사랑의 삶을 배우게 하소서(엡 5:2, 갈 5:22).

제4일: 정직과 성실

주님, 정직과 성실이 우리 자녀들의 덕이 되고 방패가 되게 하소서(시 25:21).

제5일: 절제

주님, 우리 자녀들을 도와주셔서 세상에 속해 있는 사람들을 본받지 않게 하시고 모든 일에 깨어 있어 절제하게 도와주소서(살전 5:6).

제6일: 하나님 말씀에 대한 사모

주님, 우리 자녀들이 순금보다도 더 탐스럽고 송이 꿀보다도 더 달콤한 주님의 말씀을 깨달으며 자라도록 도와주소서(시 19:10).

제19일: 겸손

주님, 우리 자녀들 안에 모든 사람을 향한 진정한 겸손을 나타낼 수 있는 능력을 심어주소서(딛 3:2).

제20일: 긍휼

주님, 우리 자녀들이 긍휼의 옷을 입게 하소서(골 3:12).

제21일: 기도

주님, 우리 자녀들이 쉬지 않고 기도하는 삶을 살게 하시고, 성령 안에서 늘 기도하며, 필요한 모든 것을 위하여 간구하는 것을 배우게 하소서(엡 6:18).

제22일: 만족

주님, 우리 자녀들이 "능력 주시는 자 안에서 어떠한 환경에 처할지라도 만족하는 비밀" 을 배우게 하소서(빌 4:12–13).

제23일: 믿음

주님, 우리 자녀들의 심령에 믿음의 뿌리가 내려지게 하시고, 믿음으로 말미암아 그들에게 약속된 것들을 얻게 하소서(눅 17:5–6, 히 11:1–40).

제24일: 섬김

주님, 우리 자녀들이 섬기는 마음을 가질 수 있도록 도와주시고, 사람이 아니라 주님께 하듯이 전심으로 섬기게 하소서(엡 6:7).

제13일: 책임
주님, 우리 자녀들이 자신의 일에 대해 책임 있는 삶을 살아가도록 인도하소서(갈 6:5).

제14일: 자비
주님, 우리 자녀들이 서로에게 그리고 다른 모든 사람들에게 항상 선하게 하소서(살전 5:15).

제15일: 화평
주님, 우리 자녀들이 "화평의 일과 서로 덕을 세우는 일에 힘쓰게" 하소서(롬 14:19).

제16일: 관대함
주님, 우리 자녀들이 "장래에 자기를 위하여 좋은 터가 될 관대함을 갖추게 하시고 베풀기를 좋아하는 사람"이 되게 하소서(딤전 6:18-19).

제17일: 소망
주님, 우리 자녀들로 하여금 성령의 능력으로 소망이 풍성히 넘치게 하소서(롬 15:13).

제18일: 인내
주님, 우리 자녀들이 모든 일에 대해 인내하도록 가르쳐주소서. 특별히 인내로써 그들이 달려가야 할 길을 꾸준히 달려갈 수 있도록 도우소서(히 12:1).

제7일: 정의

주님, 우리 자녀들이 주님처럼 정의를 사랑하고 모든 일에 대해 의롭게 행동하게 하소서(시 11:7, 미 6:8).

제8일: 긍휼

주님, 주님이 우리를 긍휼히 여기신 것처럼 우리 자녀들도 다른 사람을 긍휼히 여기는 사람이 되게 하소서(눅 6:36).

제9일: 존중 (자신, 타인, 권위를 위해)

주님, 주의 말씀에 명하신 것처럼 우리 자녀들이 모든 사람을 향해 합당한 존경을 보이게 하소서(벧전 2:17).

제10일: 건강한 성경적 자아 개념

주님, 우리 자녀들이 그리스도 예수 안에서 만들어진 하나님의 작품임을 깨닫고 건강한 자아를 갖게 하소서(엡 2:10).

제11일: 진리

주님, "인자와 진리가 우리 아이들 가운데 떠나지 않게 하소서."
이 덕목이 아이들의 목에 매어 있게 하시며, 마음판에 새겨지게 하소서
(잠 3:3).

제12일: 하나님을 향한 열정

주님, 우리 자녀들 안에 주님을 갈망하는 마음과 주님을 열정적으로 사모하는 마음을 넣어주소서(시 63:8).

제25일: 순결

주님, 우리 자녀들에게 정결한 마음을 창조해주시고 그 마음이 행동으로 나타나게 하소서(시 51:10).

제26일: 성실히 일하려는 의지와 능력

주님, 우리 자녀들이 일하는 것을 귀하게 여기고 무슨 일을 하든지 "주께 하듯" 열심히 하는 법을 배우게 하소서(골 3:23).

제27일: 자기 절제

주님, 우리 자녀들이 자기 절제를 배움으로 지혜롭게, 의롭게, 공평하게, 정직하게 행할 일에 대하여 깨달을 수 있도록 도와주소서(잠 1:3).

제28일: 선교의 열정

주님, 우리 자녀들이 선교의 마음과 열방 중에 선포된 주님의 영광 그리고 모든 만민 중에 행하신 놀라운 일들을 체험하고자 하는 열망을 갖게 하소서 (시 96:3).

제29일: 기쁨

주님, 우리 자녀들이 성령님이 주시는 기쁨으로 충만하게 하소서 (살전 1:6).

제30일: 용기

주님, 우리 자녀들이 성품과 행함에 있어 항상 강하고 담대하게 하소서(신 31:6).

부모와 십대 자녀를 이어주는 30일 대화

1쇄 인쇄 2010년 4월 21일
4쇄 발행 2022년 7월 25일

지은이 리처드 로스 & 거스 라이에스
옮긴이 신희광 & 유미현
펴낸이 고종율

펴낸곳 주) 도서출판 디모데 〈파이디온 선교회 출판 사역 기관〉
등록 2005년 6월 16일 제 319 – 2005 – 24호
주소 서울특별시 서초구 서초대로 141–25(방배동, 세일빌딩)
전화 마케팅실 070) 4018–4141
팩스 마케팅실 031) 902–7795
홈페이지 www.timothybook.com

값 20,000원
ISBN 978–89–388–1479–1 03230

30 Days:
Turning the Hearts of Parents & Teenagers Toward Each Other

※ 본문 성경은 한글개역개정을 사용하였습니다.

리처드 로스 & 거스 라이에스 지음
신희광 & 유미현 옮김

모와
대 자녀를
어주는
3
일
대화

행복한 십대,
건강한 가정으로
인도하는
매일 대화 카드

부모와 자녀가 서로 만날 수 없는 경우

만일 30일간의 대화를 하는 기간 중에 부모와 자녀 가운데 한 명이 중요한 여행을 하 서 만날 수 없는 날이 생기면, 부모와 자녀는 전화로 대화를 진행한다. 여행 기간 중 에 필요한 카드는 부모와 자녀가 미리 잘라 나누어 갖는다. 전화를 하면서 부모와 자 녀는 카드에 있는 지침을 따라야 한다.

상처가 아닌 도움을 주기

이 책의 저자는 상처를 주기보다는 도움을 주기 위해 노력했다. 가족들 간에도 이런 노력 이 필요하다. **부모와 자녀는 영적으로 또는 정서적으로 서로 유익을 주어야 할 책임이 있 다. 그리고 서로에게 상처가 되는 이야기들을 해서는 안 된다.** 이 원칙은 카드에 나오는 다른 모든 지침보다 훨씬 더 중요하다.

한계점

이 30일간의 대화가 부모와 자녀의 관계를 개선하는 데 강력하고 효과적인 방법이기는 하지만 전문가의 도움을 필요로 하는 상황이 생길 수도 있다. 혹시 가족 구성원 중에 자 기 학대, 폭력과 같은 어려움을 겪고 있는 사람이 있다면 이 책에만 의존해서는 안 된다. 우리에게는 위험에 빠진 부모 또는 가족을 전문가에게 의뢰해야 할 권리와 책임이 있다. 많은 전문가들이 어려움을 겪는 가정들을 상담할 때 이 책에 나온 대화법을 사용할 것을 권하고 있다. 이 책은 가족 간의 사랑과 친밀함을 회복시킴으로써 다른 치료법 또한 잘 진행될 수 있도록 도울 것이다.

다른 사람들에게 알려주기

청소년을 자녀로 두고 있는 많은 가정들이 가족 간의 친밀함을 잃었다. '예전에는 그렇지 않았었는데…'라고 하면서 말이다. 그리고 어디에서 도움을 받을 수 있을지에 대해 고민 한다. 이 30일간의 대화를 통해서 당신의 가정 안에 변화가 일어나는 것을 경험한다면 다 른 사람에게도 알려주기 바란다. '부모와 자녀를 이어주는 30일 대화'에 대해 더 알기 원 하면 www.lifeway.com을 참조하라.

┍가 한 팀이 되나요?

ᄇ모와 자녀라면 누구나 이 대화에 초대될 수 있다. 자세한 설명은 다음과 같다.

• 두 명의 부모와 한 명의 자녀가 있는 경우

이 책은 부모와 자녀가 일대일로 이야기하는 것을 원칙으로 한다. 따라서 자녀가 한 명의 부모와 30일간의 대화를 마친 후, 참여하지 않았던 다른 부모와 다시 30일간의 대화를 시작할 수 있다. 부모 중 누가 먼저 참여할지에 대해서는 '부모 중에 누가 더 많이 집을 비우는가?', '누가 더 자녀와 대화할 기회가 적었는가?' 또는 '최근에 누가 더 자녀와의 관계에서 스트레스를 많이 받았는가?'에 따라 이에 해당하는 사람이 먼저 하면 된다.

두 명의 부모와 둘 또는 그 이상의 자녀가 있는 경우

어떤 가정들은 파트너를 정하는 데 있어서 서로 편애하는 모습이 보일까봐 어려워하기도 한다. 이러한 경우 동전을 던져서 순서를 정하면 서로 스트레스가 없을 것이다. 30일간의 대화가 끝난 후 서로 짝을 바꾸어서 하면 가족 모두에 대한 친밀함을 느낄 수 있을 것이다.

한 명의 부모와 둘 이상의 자녀가 있는 경우

부모는 가장 나이가 많은 자녀부터 점차 나이가 적은 순서대로 대화하면 된다. 객관성을 위해서 주사위를 던져서 높은 숫자가 나온 순서대로 정하는 것도 좋다.

‡속을 지키지 못하는 날이 있을 경우

)일 동안 정해진 시간에 가족과 무언가를 함께한다는 것은 중요한 약속이다. 그것은 **"해 할 일들이 있지만, 당신(부모 혹은 자녀)은 그 모든 것들보다 더 중요하다"**라는 메시지 · 전달한다. 가족 구성원 중 누군가가 자신의 존재의 중요성을 모르고 있다면 이 30일간 대화를 통해 이 문제가 해결될 것이다.

약 중간에 이 대화를 그만두는 일이 생긴다면 처음의 의도와는 달리 **'다른 일들이 당신다 더 중요하다'**라는 잘못된 메시지를 전달하게 된다. 불가피한 상황이 생길 경우 "내은 아마 상황이 허락지 않아서 못할 것 같아. 하지만 앞으로는 우리의 약속을 지키도록 선을 다해 노력할게"라고 미리 양해를 구한다.

ᆗ속을 지키지 못하는 날을 위한 제안

일 부모가 오후에 밖에 나가서 늦게 돌아와야 한다면 자녀가 학교에서 돌아온 후 10분 안 대화한다. 자녀가 학원에 가서 밤 늦게 돌아온다면 학원에 가기 전 10분 동안 대화 는 시간을 갖는다.

식

오는 30일간의 대화는 부모와 자녀와의 관계를 더욱 친밀하게 만들어줄 것이다. 이미 자녀와 를 형성하고 있는 부모라면 이 책을 통해 이전보다 한 단계 더 발전된 관계를 만들 수 있을 것 자녀와의 관계에서 어려움을 겪고 있는 부모라면 이 책이 자녀와의 관계를 회복하는 데 도움 다.

녀는 앞으로 30일 동안 이 책을 이용하여 대화하게 된다. 매일 저녁 부모와 자녀가 카드의 봉 떼어내면 5장의 카드가 나오는데 각 카드는 부모가 하는 말, 자녀가 하는 말로 나누어져 있 자녀는 각자 자신에게 해당되는 카드를 가지고 카드 번호 순서대로 대화한다. 자녀와 보다 를 맺기 원한다면 반드시 카드에 나온 지시에 따라서 말하고 행동해야 한다.

정을 신뢰하기

든 문장은 각고의 노력을 기울여 만들어졌다. 이 책에 있는 지시문들은 널리 수용되고 있는 임 과에 기초했으며, 무엇보다도 성경적인 진리에 근거를 두었다. 그래서 정말 특별한 상황을 제 이 책에 나오는 지침을 바꾸거나 중간에 그만두는 일이 없기를 바란다. 예를 들면 "하루에 카드 열어서 빨리 다 끝내버리자"라든가 "텔레비전에서 재미있는 프로그램을 하는데, 오늘 하루만 ", "이번에는 촛불을 사용하지 않아도 될 거야" 등 본인의 판단으로 이 과정을 소홀히 하지 말기 책에 나오는 지침을 잘 따르지 않으면, 많은 변화를 가져올 수 없음을 알아야 한다.

소 없애기

도하는 의사는 수술을 하면서 음식을 먹지도, 휴대 전화를 받지도 않는다. 왜냐하면 수술이 그 가장 중요하기 때문이다. 이와 마찬가지로 30일간의 대화를 통해 서로 마음을 나누기 원하는 녀는 만남의 시간을 우선순위에 두고, 이를 방해하는 요소들을 없애야 한다. 첫 번째 날을 시 에 부모와 자녀는 그 시간만큼은 휴대 전화를 받지 않도록 서로 약속해야 한다. 부모와 자녀가 소로 문을 닫을 수 있는 방을 선택한다. 부드럽지만 분명한 태도로 다른 식구들이 방해하지 않 부탁한다. 방 문에 '방해하지 마세요'라고 쓴 종이를 붙여놓는 것도 도움이 된다.

앉기

와 자녀가 멀리 떨어져 앉으면 이 30일간의 대화는 많은 효과를 얻을 수 없다. 부모와 자녀 사 공 하나가 들어갈 정도로 가깝게 의자를 놓으라. 이 정도의 거리로 부모와 자녀가 앉으면 이 는 모든 지시를 잘 이행할 수 있다.

사용하기

용하는 것은 이 30일간의 대화에서 매우 중요하다. 부모와 자녀는 미리 준비한 양초에 성냥으 붙이고 방 안의 불을 모두 끈 다음 대화를 시작한다. 카드를 읽을 수 있을 정도의 밝기를 유지하 두 개의 양초를 사용할 수도 있다.

감사의 글

우리('리처드 로스'와 '거스 라이에스')는 가정 사역에 열정이 있는 여러 전문가들의 도움으로 와 자녀의 관계에 대한 보다 깊은 이해를 얻을 수 있었다. 그들이 보내준 도움의 손길들은 이 여기저기에 잘 나타나 있다. 이 책을 통해 부모와 자녀 간의 관계가 회복되는 것을 경험한다 정 사역에 대해 연구하고 있는 이분들에게 먼저 고마워해야 할 것이다. 우리 역시 이분들에 은 감사를 드린다.

우리가 자존감에 대해 깊이 이해할 수 있도록 도와준 제임스 답슨 박사에게 감사드린다. 기 에 서로를 축복하는 구체적인 방법을 제시해준 게리 스몰리 박사와 존 트렌트 박사에게도 감 린다. '사랑의 언어'에 대해 기반을 다진 게리 채프먼 박사에게 감사드린다. '감정의 공간'을 채 방법들에 대해 지혜를 제공해준 로스 캠벨과 데이빗 허친스 박사에게도 감사드린다. 부모와 적으로 소통하는 것이 어려운 학생들에 대해 국가적인 관심을 불러일으킨 조시 맥도웰 박사 도 감사를 드린다.
또한 이 책의 원고를 검토해주며 좋은 제안을 한 상담가들 – 마이클 맥과이어, 스캇 플로이 디 블랙, 토니 랜킨 – 에게 감사드린다. 글로리아 라이에스에게 감사드린다. 이 책의 출판을 하게 한 브라이언과 엘리스 로스, 스티브 엘버트, 쥬디 하이예스, 헤더 어얼리, 키스와 마니 스 로, 샬롯 베이, 데이빗 큐을에게도 감사드린다.

당신과 그리고 당신과 마음이 이어진 사람들
하나님이 최고의 것으로 복 주시길 바
리처드 로스와 거스 라이

역자 서문

부모와 자녀가 함께하는 사랑의 대화

'청소년'이라는 말을 들었을 때 무심코 연상되는 것들 중에는 '질풍 노도의 시기', '주변인' 등 적인 표현들이 많다. 청소년기는 육체적, 정신적인 성장기이기 때문에 심리적으로 불안한 시 기도 하지만, 많은 경우 청소년의 문제는 그 부모의 문제일 때가 많다. 최근 노스 캐롤라이나 의 스미스 교수는 미국 청소년들의 신앙 행태에 대해서 논문을 발표했다. 주의 깊게 보아야 의 결론 중 하나는 청소년에게 가장 큰 영향을 미치는 사람이 바로 '부모'라는 사실이다.
이러한 점에서 청소년 문제 가운데 가장 큰 것은 '부모와의 대화 단절' 또는 '대화 부족'이라 있다. 이 책은 부모와 십대 자녀의 대화를 돕는 구체적인 해결 방안을 제시하고 있다. 부모와 자녀는 이 30일간의 대화를 통해 상처의 회복을 경험하고, 다시 한 번 서로 간의 사랑을 확인 될 것이다. 이 책을 통해 이 땅의 수많은 가정들이 하나님이 계획하신 본연의 모습으로 회복 를 기도한다.

텍사스 포트워스
신희광 박사(사우스웨스턴 침례신학교 Ph.
유미현 전도사(사우스웨스턴 침례신학교 M